Tiny Stories for Danish Learners

Short Stories in Danish for Beginners and Intermediate Learners

Anker Hansen

This book was designed using resources from www.freepik.com

greenthumbpublishing@gmail.com

Contents

Introduction

Reading in a foreign language is one of the most effective ways for you to improve language skills and expand vocabulary. However, it can sometimes be difficult to find engaging reading materials at an appropriate level that provide a feeling of achievement and a sense of progress. Most books and articles written for native speakers can be too long and difficult to understand or may have very high-level vocabulary so you feel overwhelmed and give up. If these problems sound familiar, then this book is for you!

Tiny Stories for Danish learners is a collection of 25 unconventional and entertaining short stories that are designed to help beginner to intermediate level Danish learners improve their language skills.

These short stories create a supportive reading environment by including;

- Rich linguistic content in different genres to keep you entertained and expose you to a variety of word forms.
- Shorter stories in chapters to give you the satisfaction of finishing stories and progressing quickly.
- Texts written at your level so they are more easily comprehended and not overwhelming.
- English translation on alternating pages so you can directly refer to it line by line while reading the Danish story.
- Key vocabulary is printed **bold** throughout the story and translation to help you understand unfamiliar words more easily.
- Comprehension questions to test your understanding

of key events and to encourage you to read in more detail.

So whether you want to expand your vocabulary, improve your comprehension, or simply read for fun, this book is the biggest step forward you will take in your studies this year. Tiny stories for Danish learners will give you all the support you need, so sit back, relax, and let your imagination run wild as you are transported to a magical world of adventure, mystery and intrigue – in Danish!

How to use this book

Reading is a difficult talent to master. We use a range of micro-skills to help us read in our native languages. For example, we might skim a passage to get a rough understanding, or gist, of what it's about. Alternatively, we might comb through numerous pages of a train schedule in search of a specific time or location. While these micro-skills are second nature when reading in our native languages, research reveals that we often forget most of them when reading in a foreign language. When learning a foreign language, we normally begin at the beginning of a text and work our way through it, trying to understand every single word. Inevitably, we come across unfamiliar or complex terms and become annoyed by our inability to comprehend them.

One of the biggest advantages of reading in a foreign language is that you are exposed to a vast number of phrases and expressions that are used in everyday situations. Extensive reading is a term used to describe reading for pleasure in order to learn a language. It's not like reading a textbook, when conversations or texts are designed to be read slowly and carefully with the goal of comprehending every word. "Intensive reading" refers to reading that is done to achieve specific learning goals or complete tasks. To put it another way, thorough reading in textbooks usually aids in the learning of grammar rules and particular vocabulary, but extensive reading of stories aids in the learning of natural language.

Tiny stories for Danish learners will provide you with opportunities to learn more about natural Danish language in use, although you may have started your language learning journey with solely textbooks. Here

are a few pointers to keep in mind as you read the stories in this book to get the most out of them: When it comes to reading, enjoyment and a sense of accomplishment are critical. You keep coming back for more because you enjoy what you're reading. Reading each story from beginning to end is the best method to enjoy reading stories and feel accomplished. As a result, the most crucial thing is to get to the end of a story. It's actually more crucial than knowing every single word

The more you read, the more you will gain knowledge. You will quickly have a knowledge of how Danish works if you read larger books for pleasure. However, keep in mind that in order to get the full benefits of extensive reading, you must first read a sufficiently substantial volume. Reading a few pages here and there may teach you a few new words, but it won't make a significant difference in your overall level of Danish.

Accept the fact that you will not comprehend everything you read in a novel. This is, without a doubt, the most crucial point! Always remember that not understanding all of the words or sentences is entirely acceptable. It does not imply that your language skills are inadequate or that you are performing poorly. It indicates that you are actively involved in the learning process.

Reading guide

In order to get the most from reading Tiny Stories for Danish Learners, it will be best for you to follow this simple six-step reading process for each chapter of the stories:

1. Read the chapter title. Think about what the story might be about. Then read the story all the way through. Your aim is simply to reach the end of the story. Therefore, do not stop to look up words and do not worry if there are things you do not understand. Simply try to follow the plot.

2. When you reach the end of the story, scan the English translation to see if you have understood what has happened and pick up any context you may have missed.

3. Go back and read the same story again. If you like, you can focus more on story details than before, but otherwise simply read it through one more time.

4. Next, work through the comprehension questions in Danish to check your understanding of key events in the story. If you do not understand the questions fully, do not worry. Use you knowledge to answer as best you can.

5. At this point, you should have some understanding of the main events of the chapter. If not, you may wish to re-read the chapter a few times using the translation to check unknown words and phrases until you feel confident.

Once you are ready and confident that you understand what has happened – whether it's after one reading of the story or several – move on to the next story and continue enjoying the story at your own pace, just as you would any other book.

Only once you have completed a story in its entirety should you consider going back and studying the story language in more depth if you wish. Or instead of worrying about understanding everything, take time to focus on all that you have understood and congratulate yourself for all that you have done.

Tiny Stories

for Danish Learners

Nat i København

Natten var ung, og det var vi også. Vi var lige ankommet til **København og** var klar til at udforske. Vi gik rundt i byen og tog imod seværdighederne og lydene fra dette nye sted. Luften var kold, men det gjorde os ikke noget. Vi var for begejstrede til at bekymre os om det. Vi **faldt** over en bar og besluttede os for at gå indenfor. Det var hyggeligt og varmt indenfor, og der brændte en ild i pejsen. Vi bestilte nogle **drinks og satte os** ved ilden for at slappe af. Mens vi **nippede til** vores drinks, kiggede vi på folk og talte om alle de ting, vi ville lave, mens vi var i byen. Der var så meget at se og gøre, at det var svært at vide, hvor vi skulle begynde! **Til sidst**, trætte af at have gået (og drukket), **besluttede** vi **os for** at gå hjem. Vi gik tilbage til vores hotelværelse og **fnisede** som skolepiger over alle de eventyr, der ventede os under vores ophold i København.

Den næste dag vågnede vi tidligt og besluttede at tage på gaden igen. Vi gik rundt i et stykke tid og stoppede i butikker og på caféer undervejs. Vi købte nogle **souvenirs** til vores venner derhjemme og **smagte på** nogle af de lokale retter. Om eftermiddagen tog vi på en bådtur rundt i byen. Det var så smukt! Solen skinnede, og vi fik set alle seværdighederne fra vandet. Bagefter gik vi rundt lidt mere og tog alting ind. Da det begyndte at blive mørkt, befandt vi os i Tivoli **Gardens - en** forlystelsespark lige midt i hjertet af København! Vi kørte i nogle forlystelser, spillede nogle spil og spiste masser af junkfood, inden vi endelig **tog** tilbage til vores

Night in Copenhagen

The night was young, and so were we. We had just arrived in **Copenhagen** and were ready to explore. We walked around the city, taking in the sights and sounds of this new place. The air was cold, but we didn't mind. We were too excited to care. We **stumbled** upon a bar and decided to go inside. It was cozy and warm inside, with a fire burning in the fireplace. We ordered some **drinks** and sat down by the fire to relax. As we **sipped** our drinks, we people-watched and talked about all the things we wanted to do while we were in town. There was so much to see and do, it was hard to know where to start! **Eventually**, tired from all our walking (and drinking), we **decided** to call it a night. We made our way back to our hotel room, **giggling** like schoolgirls at all the adventures that awaited us during our stay in Copenhagen.

The next day, we woke up bright and early and decided to hit the streets again. We walked around for a while, stopping in shops and cafes along the way. We bought some **souvenirs** for our friends back home and **sampled** some of the local cuisine. In the afternoon, we went on a boat tour of the city. It was so beautiful! The sun was shining and we got to see all the sights from the water. Afterward, we walked around some more, taking everything in. As night began to fall, we found ourselves at Tivoli **Gardens**—an amusement park right in the heart of Copenhagen! We rode some rides, played some games, and ate lots of junk food before finally **making** our way back to our hotel room once

hotelværelse igen. På vores sidste dag i **København** ville vi sikre os, at vi så alt det, som vi ikke havde nået at se endnu. Vi startede med at besøge statuen Den Lille **Havfrue** - et af Københavns mest berømte vartegn. Derefter gik turen til Rosenborg Slot, inden vi tog over til Christiansborg Slot (hvor det danske parlament har sæde).

 På dette tidspunkt var vores fødder ved at være i **stykker,** men der var en ting mere på vores liste: Nyhavn er et **malerisk** havneområde med farverige bygninger, der bare tigger om at blive **fotograferet!** Og det var så der, vi endte med at tilbringe vores sidste par timer i Danmark; vi gik rundt i Nyhavn hånd i hånd, som om intet andet betød noget i verden end at være sammen i det øjeblik. " Og det var sådan vi tilbragte vores tre nætter i København. Det var en **hvirvelvind** af en tur, men vi elskede hvert eneste minut af den. Vi **skabte** så mange minder, som vi vil værdsætte for evigt. Hvis du nogensinde får chancen for at tage af sted, så tøv ikke - bare tag af sted!

again. On our last day in **Copenhagen**, we wanted
to make sure we saw everything that we hadn't had
time for yet. We started by visiting The Little **Mermaid**
statue—one of Copenhagen's most famous landmarks.
Then it was off to see Rosenborg Castle before heading
over to Christiansborg Palace (the seat of the Danish
parliament).

 By this point, our feet were **killing** us, but there was
one more thing on our list: Nyhavn is a **picturesque**
harbor area lined with colorful buildings that is just
begging to be **photographed**! And so that's where we
ended up spending our last few hours in Denmark;
walking around Nyhavn hand-in-hand as if nothing
else mattered in the world except being together in that
moment. " And that's how we spent our three nights in
Copenhagen. It was a **whirlwind** of a trip, but we loved
every minute of it. We **created** so many memories that
we'll cherish forever. If you ever get the chance to go,
don't hesitate-just go!

Forståelsesspørgsmål

1. Hvad er hovedpersonens første tanker, da han ankommer til København?

2. Hvor tager hovedpersonen og deres ledsager hen efter at have forladt deres hotelværelse?
første aften?

3. Hvad laver hovedpersonen på den anden dag i København?

4. Hvorfor er Tivoli en passende aktivitet for hovedpersonen på deres tredje aften i København?

5. Hvordan føler hovedpersonen sig ved slutningen af rejsen?

6. Hvad er hovedpersonens favorit ved København?

7. Hvad synes hovedpersonen om maden i København?

8. Hvad er hovedpersonens mening om Rosenborg Slot?

Comprehension Questions

1. What are the protagonist's initial thoughts upon arriving in Copenhagen?

2. Where do the protagonist and their companion go after leaving their hotel room the
first night?

3. What does the protagonist do on the second day in Copenhagen?

4. Why is Tivoli Gardens an appropriate activity for the protagonist on their third night in Copenhagen?

5. How does the protagonist feel by the end of their trip?

6. What is the protagonist's favorite thing about Copenhagen?

7. What does the protagonist think of the food in Copenhagen?

8. What is the protagonist's opinion of Rosenborg Castle?

Den gamle vindmølle

Den gamle **vindmølle** havde været forladt i årevis. Men da den nye **familie** flyttede ind, besluttede de sig for at sætte den i stand. **Far** og søn arbejdede sammen for at få vingerne til at dreje igen. Og snart lavede møllen igen mel. Møllen blev et populært sted for turister. De kom for at se **vingerne** dreje i vinden og købe frisk mel af familien. Faderen og sønnen nød at have folk omkring sig og høre deres historier. En dag kom der en **kvinde på** besøg, som fortalte, at hun havde boet i huset ved møllen, da hun var barn. Hun fortalte dem om, hvordan hendes **bedstefar** plejede at drive møllen i dens storhedstid. Mens hun talte, kunne faderen og sønnen se, at hun stadig havde en dyb tilknytning til dette sted på **trods af** alle de år, der var gået. Kvindens bedstefar var gået bort for nogle år siden, men hun kom stadigvæk på besøg på den gamle mølle.

Hun sad ved vinduet i sin bedstefars værelse og så på, hvordan **bladene** drejede sig. Det bragte så mange **minder frem i** hendes bevidsthed. En dag besluttede hun sig for at tage ned til møllen og tale med den far og søn, der nu drev den. De var glade for at høre hendes historier om stedets historie. Og de fortalte hende, at hun altid var velkommen til at komme på besøg, når hun havde lyst. Kvinden blev en regelmæssig besøgende på møllen. Hun tog sine **børnebørn** og oldebørn med for at se den. Og hun stoppede altid op og talte med faderen og sønnen, som drev den. De var **blevet** gode venner i årenes løb. En dag begyndte

The Old Windmill

The old **windmill** had been abandoned for years. But when the new **family** moved in, they decided to fix it up. The **father** and son worked together to get the blades turning again. And soon, the mill was making flour once more. The mill became a popular spot for tourists. They would come to watch the **blades** turn in the wind and buy fresh flour from the family. The father and son enjoyed having people around and hearing their stories. One day, a **woman** came to visit who said she used to live in the house by the mill when she was a child. She told them about how her **grandfather** used to operate the mill back in its heyday. As she talked, the father and son could see that she still had a deep connection to this place **despite** all these years apart. The woman's grandfather had passed away a few years ago, but she still came to visit the old mill.

 She would sit by the window in her grandfather's room and watch the **blades** turn. It brought back so many **memories** for her. One day, she decided to go down to the mill and talk to the father and son who now operated it. They were happy to hear her stories about the history of the place. And they told her that she was always welcome to come and visit anytime she wanted. The woman became a regular visitor to the mill. She would bring her **grandchildren** and great-grandchildren to see it. And she would always stop and talk to the father and son who ran it. They had **become** good friends over the years. One day, the woman's health started to decline, and she knew she wouldn't be able to come back to the

kvindens helbred at blive dårligere, og hun vidste, at hun ikke ville være i stand til at komme tilbage til møllen igen.

Så hun spurgte **faderen** og sønnen, om de kunne holde øje med den for hende. De **lovede, at** de ville passe på den, ligesom hun havde gjort for alle de år siden. Den gamle vindmølle står stadig i dag. Bladene drejer ikke længere, men det er ikke desto mindre et smukt syn. Og når vinden blæser, kan man stadig høre den svage lyd af møllen, der kværner mel. Kvinden **døde for** et par år siden, men hendes familie kommer stadig på besøg i møllen. De sidder i hendes bedstefars værelse og kigger ud på **vingerne, der** drejer i vinden. Og de husker alle de glade stunder, de havde her sammen med deres bedstemor. Den gamle vindmølle er et symbol på kvindens liv. Den er en påmindelse om hendes dybe tilknytning til dette sted og de **mennesker,** hun elskede. Og den vil altid være en del af hendes families historie.

mill again.

So she asked the **father** and son if they could keep an eye on it for her. They **promised** they would take care of it just like she had done all those years ago. The old windmill is still standing today. The blades no longer turn, but it's a beautiful sight nonetheless. And when the wind blows, you can still hear the faint sound of the mill grinding flour. The woman **passed** away a few years ago, but her family still comes to visit the mill. They sit in her grandfather's room and look out at the **blades** turning in the wind. And they remember all the happy times they had here with their grandmother. The old windmill is a symbol of the woman's life. It's a reminder of her deep connection to this place and the **people** she loved. And it will always be a part of her family's history.

Forståelsesspørgsmål

1. Hvad gjorde den nye familie, da de flyttede ind i huset ved den gamle vindmølle?

2. Hvordan blev møllen populær igen?

3. Hvem kom på besøg i møllen en dag?

4. Hvad sagde kvinden, der kom på besøg, til faderen og sønnen?

5. Hvorfor begyndte kvinden at komme på besøg på møllen igen?

6. Hvordan ændrede forholdet mellem kvinden og faderen og sønnen sig over tid?

7. Hvad bad kvinden faderen og sønnen om at gøre, før hun døde?

8. Hvad er den gamle vindmølle et symbol på for kvindens familie?

Comprehension Questions

1. What did the new family do when they moved into the house by the old windmill?

2. How did the mill become popular again?

3. Who came to visit the mill one day?

4. What did the woman who came to visit tell the father and son?

5. Why did the woman start coming to visit the mill again?

6. How did the relationship between the woman and the father and son change over time?

7. What did the woman ask the father and son to do before she died?

8. What is the old windmill a symbol of for the woman's family?

Tivoli-haverne

Tivoli-haven var engang et **smukt** sted. Blomsterne blomstrede, træerne var grønne, og solen skinnede ned på de glade mennesker nedenunder. Men det var før krigen. Nu er haven kun en skygge af sit tidligere selv. Blomsterne er visnet, træerne er døde, og der er ingen tegn på **liv nogen** steder. Men selv i denne mørke tid er der stadig håb. En lille gruppe modstandskæmpere har brugt haverne som base **for at** slå tilbage mod besættelsesmagten. De planlægger og gennemfører dristige angreb mod fjendens mål og **forsvinder** altid i skyggerne **bagefter**. En aften får de besked om, at en højtstående embedsmand vil besøge haven for at inspicere den.

Dette er deres chance for at tage ham som gidsel og få en reel indflydelse på krigsindsatsen! De udarbejder omhyggeligt deres planer og venter på, at han ankommer. Embedsmanden ankommer lige til tiden, flankeret af et **dusin** tungt bevæbnede livvagter. Modstandskæmperne går i aktion og angriber med alt, hvad de har. Men **livvagterne** er for stærke, og embedsmanden undslipper. Kæmperne omgrupperer sig i haven, slikker deres sår og planlægger deres næste træk. De ved, at dette blot var et tilbageslag - de får snart en ny chance for at slå til. I **mellemtiden** vil de fortsætte med at kæmpe fra **skyggerne** og vente på deres øjeblik til at skinne igen.

Modstandskæmperne er ved at blive desperate. De

Tivoli Gardens

The Tivoli Gardens were once a **beautiful** place. The flowers were in bloom, the trees were green, and the sun shone down on the happy people below. But that was before the war. Now, the gardens are a shadow of their former selves. The flowers are wilted, the trees are dead, and there is no sign of **life** anywhere. But even in this dark time, there is still hope. A small group of resistance fighters have been using the gardens as a base of **operations** to strike back against the occupying forces. They plan and execute daring raids against enemy targets, always **disappearing** into the shadows **afterwards**. One night, they receive word that a high-ranking official will be visiting the gardens for an inspection.

This is their chance to take him hostage and make a real impact on the war effort! They carefully lay out their plans and wait for him to arrive. The official arrives right on schedule, flanked by a **dozen** heavily armed bodyguards. The resistance fighters spring into action, attacking with everything they've got. But the **bodyguards** are too strong and the official escapes. The fighters regroup in the gardens, licking their wounds and planning their next move. They know that this was just a setback—they'll get another chance to strike soon enough. In the **meantime**, they'll keep fighting from the **shadows**, waiting for their moment to shine once again.

har **slået til** mod fjenden i månedsvis nu, men de synes altid at være et skridt bagud. De har brug for en stor sejr, noget, der virkelig vil øge moralen og give dem overtaget i denne krig. Så får de besked om, at embedsmanden er på **vej** tilbage til haverne. Denne gang har de ikke tænkt sig at lade ham slippe væk! De lægger et bagholdsangreb og venter på, at han ankommer. Embedsmanden ankommer, men denne gang er han forberedt. Han har et dusin livvagter med sig, samt en kampvogn! Modstandskæmperne kæmper en brav kamp, men de **kan** ikke klare fjendens overlegne ildkraft. De er **tvunget til at** trække sig tilbage i haven, og deres håb om at pågribe embedsmanden svinder endnu en gang. Men selv i nederlaget nægter de at opgive håbet.

 De ved, at der stadig er en chance for at vinde denne krig - det eneste, de behøver, er endnu et heldigt gennembrud. Modstandskæmperne får deres heldige chance. De får at vide, at embedsmanden kommer til haven igen, men denne gang **rejser** han alene. Dette er deres chance for endelig at fange ham! De lægger et bagholdsangreb og venter på, at han ankommer. Da han gør det, går de i **aktion** og formår at tage ham som **gidsel**. De forsvinder hurtigt ind i **skyggerne** med deres bytte og planlægger at gøre brug af ham i kampen mod besættelsesstyrkerne.

The resistance fighters are getting desperate. They've been **striking** at the enemy for months now, but they always seem to be one step behind. They need a big victory, something that will really boost morale and give them the upper hand in this war. Then, they receive word that the official is **coming** back to the gardens. This time, they're not going to let him get away! They set up an ambush and waited for him to arrive. The official arrives, but this time he's prepared. He has a dozen bodyguards with him, as well as a tank! The **resistance** fighters put up a brave fight, but they're no **match** for the superior firepower of the enemy forces. They are **forced** to retreat into the gardens, their hope of apprehending the official fading once more. But even in defeat, they refuse to give up hope.

They know that there's still a chance to win this war—all they need is one more lucky break. The **resistance** fighters get their lucky break. They receive word that the official is coming to the gardens again, but this time he's **travelling** alone. This is their chance to finally capture him! They set up an ambush and waited for him to arrive. When he does, they spring into **action** and manage to take him **hostage**. They quickly disappear into the **shadows** with their prize, planning to make use of him in the fight against the occupying forces.

Forståelsesspørgsmål

1. Hvordan var Tivolihaven før krigen?

2. Hvad laver modstandskæmperne i haverne?

3. Hvad sker der, når den højtstående embedsmand besøger haverne for at inspicere dem?

4. Hvorfor har modstandskæmperne brug for en stor sejr?

5. Hvad gør tjenestemanden, da han bliver overfaldet anden gang?

6. Hvordan føler modstandskæmperne sig efter deres mislykkede bagholdsangreb?

7. Hvad er modstandskæmpernes heldige udfald?

8. Hvad gør modstandskæmperne, da de endelig fanger embedsmanden?

9. Hvilken betydning har embedsmanden for modstandskæmperne?

Comprehension Questions

1. What was the Tivoli Gardens like before the war?

2. What do the resistance fighters do in the gardens?

3. What happens when the high-ranking official visits the gardens for an inspection?

4. Why do the resistance fighters need a big victory?

5. What is the official doing when he is ambushed the second time?

6. How do the resistance fighters feel after their unsuccessful ambush?

7. What is the resistance fighters' lucky break?

8. What do the resistance fighters do when they finally capture the official?

9. What is the significance of the official to the resistance fighters?

Rejse til Rundetårn

Jeg vågnede tidligt i morges og var ivrig efter at starte min rejse. Jeg havde planlagt den i ugevis, og alt var endelig på plads. Jeg pakkede min taske med noget tøj og et par snacks og begav mig så af sted mod Rundetårn, det tårn, der **står** i centrum af **København**. Min plan var at **klatre** op på toppen og nyde udsigten over byen nedenunder. Da jeg gik gennem gaderne, kunne jeg ikke undgå at lægge mærke til alle de mennesker, der skyndte sig rundt i deres hverdag. Det fik mig til at føle mig en smule misundelig; de syntes alle at vide, hvor de skulle hen, og hvad de lavede, mens jeg følte mig som en fortabt **turist** i min egen by. Men snart nok **ankom** jeg til Rundetrn og begyndte at gå op ad de snoede trapper. Det tog mig et stykke tid at nå toppen, men da jeg nåede den, var udsigten det mere end værd; København strakte sig foran mig i al sin pragt, funklende i morgensolen."

Da jeg stod på toppen af Rundetrn, følte jeg, at jeg kunne se **alt**. Byen travlhed under mig, og havnen glitrede i det fjerne. Jeg kunne endda se et par både, der var på vej ud på havet. Det var et smukt syn, som jeg aldrig vil glemme. Men mens jeg stod der og tog det hele i mig, skete der noget mærkeligt; jeg begyndte at føle mig svimmel og svimmel. Det næste, jeg vidste, var, at jeg faldt. På en eller anden måde lykkedes det mig at overleve mit fald fra Rundetrn. Da jeg ramte jorden, forventede jeg at være død eller i det mindste alvorligt såret, men i stedet havde jeg kun nogle få blå

Journey to Rundetårn

I awoke early this morning, eager to start my journey. I had been planning it for weeks and everything was finally in place. I packed my bag with some clothes and a few snacks, then set off towards Rundetrn, the tower that **stands** in the center of **Copenhagen**. My plan was to **climb** to the top and take in the view of the city below. As I walked through the streets, I couldn't help but notice all of the people hurrying about their day-to-day lives. It made me feel a bit envious; they all seemed to know where they were going and what they were doing, while I felt like a lost **tourist** in my own city. But soon enough, I **arrived** at Rundetrn and began climbing its winding stairs. It took me a while to reach the top, but when I did, the view was more than worth it; Copenhagen stretched out before me in all its glory, sparkling under the morning sun."

Standing at the top of Rundetrn, I felt like I could see **everything**. The city bustled below me, and the harbor glittered in the distance. I even spotted a few boats making their way out to sea. It was a beautiful sight and one that I'll never forget. But as I stood there taking it all in, something strange happened; I started to feel dizzy and lightheaded. The next thing I knew, I was falling. Somehow, someway, I managed to survive my fall from Rundetrn. When I hit the ground, I expected to be dead or at least seriously injured, but instead I only had a few bruises and scratches. "It's a miracle!" people were

mærker og skrammer. "Det er et mirakel!" sagde folk, mens de flokkedes om mig. "Du må være blevet reddet af en engel!" Jeg blev **rystet** af mit fald, men var ellers **uskadt**. Da jeg kom på benene, kunne jeg ikke lade være med at føle, at noget havde ændret sig. Det var som om jeg havde fået en ny **chance** i livet, og jeg vidste, at jeg måtte få det bedste ud af den.

 Fra da af besluttede jeg mig for at leve hver dag fuldt ud og sætte pris på alle de små ting i livet. Og hver gang jeg kigger ud over **København** fra Rundetårn, bliver jeg mindet om, hvor **heldig** jeg er. " Der er gået et par år siden mit fald fra Rundetrn, og livet har **behandlet** mig godt. Jeg **bor** stadig i København, og jeg har endda **stiftet** min egen familie. Min kone og jeg tager ofte vores børn med til Rundetrn for at vise dem udsigten over byen. Og hver gang vi gør det, kan jeg ikke lade være med at tænke tilbage på den skæbnesvangre dag, hvor jeg faldt ... men også på hvor taknemmelig jeg er for at være i live. "

saying as they crowded around me. "You must have been saved by an angel!" Iwas **shaken** by my fall but otherwise **unharmed**. As I got to my feet, I couldn't help but feel like something had changed. It was as if I had been given a second **chance** at life, and I knew that I had to make the most of it.

 From then on, I decided to live each day to the fullest and appreciate all the little things in life. And every time I look out over **Copenhagen** from Rundetrn, I'm reminded of how **lucky** I am. " It's been a few years since my fall from Rundetrn, and life has **treated** me well. I'm still **living** in Copenhagen, and I've even **started** my own family. My wife and I often take our kids to Rundetrn to show them the view of the city. And every time we do, I can't help but think back to that fateful day when I fell... but also how grateful I am to be alive. "

Forståelsesspørgsmål

1. Hvad gør hovedpersonen, da han ankommer til Rundetrn?

2. Hvordan har hovedpersonen det med de mennesker, han ser i København?

3. Hvad ser hovedpersonen fra toppen af Rundetrn?

4. Hvad sker der med hovedpersonen, mens han er på toppen af Rundetrn?

5. Hvordan har hovedpersonen det, efter at han er faldet ned fra Rundetrn?

6. Hvad siger folk til hovedpersonen, efter at han er faldet?

7. Hvordan ændrer hovedpersonens fald hans syn på livet?

8. Hvad gør hovedpersonen anderledes efter sit fald?

9. Hvordan har hovedpersonen det, når han tager sin familie med til Rundetrn?

Comprehension Questions

1. What does the protagonist do when he arrives at Rundetrn?

2. How does the protagonist feel about the people he sees in Copenhagen?

3. What does the protagonist see from the top of Rundetrn?

4. What happens to the protagonist while he is at the top of Rundetrn?

5. How does the protagonist feel after he falls from Rundetrn?

6. What do people say to the protagonist after he falls?

7. How does the protagonist's fall change his perspective on life?

8. What does the protagonist do differently after his fall?

9. How does the main character feel about taking his family to the round tower?

Skøjteløb på frosne kanaler

Gravene i Amsterdam er et smukt syn om vinteren. De er endnu **smukkere,** når du skøjter på dem. Jeg var heldig nok til at opleve dette på første hånd for nylig. Jeg havde altid gerne villet skøjte på kanalerne, men havde aldrig haft chancen. Så da jeg så, at de var frosset til, vidste jeg, at jeg måtte udnytte det. Jeg **lejede** nogle skøjter og begav mig ud på isen. Det var en **fantastisk** følelse at glide over kanalens glatte overflade. Den kolde luft var forfriskende og opkvikkende. Og landskabet var simpelthen betagende. Indimellem stoppede jeg op for at beundre udsigten eller tage et billede. Til sidst nåede jeg tilbage til bredden og afleverede mine skøjter tilbage. Det var en **uforglemmelig** oplevelse, som jeg helt sikkert snart vil gentage igen!

Jeg vågnede tidligt næste morgen og var ivrig efter at komme ud på kanalen igen. Jeg havde drømt om at stå på skøjter hele natten lang. Jeg tog hurtigt **tøj på** og tog ned til udlejningsbutikken. Men da jeg ankom, var der et skilt på døren, hvor der stod "lukket". **Skuffet** vendte jeg mig om for at gå, men så hørte jeg **nogen** kalde mit navn. Det var ejeren af butikken. Han fortalte mig, at han ville åbne tidligt kun for mig. Han vidste, hvor meget jeg ønskede at skate igen, og han ville ikke have, at jeg skulle gå glip af min chance. Så vi tog vores **skøjter** på og gik på isen endnu en gang! Mens jeg skøjter

Skating on Frozen Canals

The canals of Amsterdam are a beautiful sight in the winter. They're even more **beautiful** when you skate on them. I was lucky enough to experience this first-hand recently. I had always wanted to go skating on the canals, but never had the chance. So when I saw that they were frozen over, I knew I had to take advantage of it. I **rented** some skates and hit the ice. It was an **amazing** feeling gliding over the smooth surface of the canal. The cold air was refreshing and invigorating. And the scenery was simply breathtaking. Every now and then, I would stop to admire the view or take a photo. Eventually, I made my way back to shore and returned my skates. It was an **unforgettable** experience and one that I'll definitely be repeating again soon!

I woke up early the next morning, eager to get back out on the canal. I had been dreaming about skating all night long. I quickly got **dressed** and headed down to the rental shop. But when I arrived, there was a sign on the door that said "closed." **Disappointed**, I turned to leave, but then I heard **someone** call my name. It was the owner of the shop. He told me he'd open up early just for me. He knew how much I wanted to skate again and didn't want me to miss my chance. So we put on our **skates** and hit the ice once more! As I skate along the canal, I can't help but feel **grateful** for this opportunity. It's not often that you get to skate on a frozen canal. And it's even less often that you get to do

langs kanalen, kan jeg ikke lade være med at føle mig **taknemmelig** for denne mulighed. Det er ikke ofte, at man får mulighed for at skøjte på en frossen kanal. Og det er endnu sjældnere, at man får mulighed for at gøre det to gange på en uge! Jeg er **fast besluttet på** at få det bedste ud af det, mens jeg kan.

Hver dag bruger jeg et par timer på at stå på skøjter. Og hver gang udforsker jeg en anden del af kanalen. Der er så mange smukke seværdigheder at se, og der er så meget historie at lære om. At skøjte på Amsterdams **kanaler er** hurtigt blevet en af mine yndlingsaktiviteter! En morgen vågnede jeg op og opdagede, at kanalerne var tøet op i løbet af natten. Al isen var væk, og **vandet** flød igen. Jeg vidste, at min tid med at skøjte på skøjter på kanalerne var forbi. Men jeg var allerede i gang med at planlægge min næste tur! Der er trods alt ikke noget bedre end at skøjte på skøjter på en frossen kanal i Amsterdam! Nu er jeg **hjemme** igen, men jeg kan ikke holde op med at tænke på min tid i Amsterdam. at skøjte på de frosne kanaler var en utrolig oplevelse, som jeg aldrig vil **glemme**. Jeg tæller allerede dagene ned til næste vinter!

it twice in one week! I'm **determined** to make the most
of it while I can.

Every day, I spend a few hours skating. And each time, I
explore a different part of the canal. There are so many
beautiful sights to see and so much history to learn
about. Skating on the Amsterdam **canals** has quickly
become one of my favorite things to do! One morning,
I woke up to find that the canals had thawed overnight.
All of the ice was gone and the **water** was flowing once
again. I knew my time skating on the canals had come
to an end. But I was already planning my next trip!
After all, there's nothing quite like skating on a frozen
canal in Amsterdam! I'm back **home** now, but I can't
stop thinking about my time in Amsterdam. skating on
the frozen canals was an incredible experience that I'll
never **forget**. I'm already counting down the days until
next winter!

It was my last day in Amsterdam and I wanted to make
the most of it. I had already spent a few days **skating**
on the canals, but I wanted to do one more thing before
I left. So, I decided to go for a skate at night. The canals
are even more **beautiful** at night. They're lit up by
streetlights and the **reflections** of the buildings dance
on the water. It's truly magical. I rented some skates
and hit the ice. The canal was deserted at this time
of night and it felt like I had the whole city to myself. I
glided along, taking in all of the sights **around** me. The
cold alr was **refreshing** and invigorating. And being
out on the canal under the stars was an unforgettable
experience!

Forståelsesspørgsmål

1. Hvad er forfatterens yndlingsbeskæftigelse i Amsterdam?

2. Hvad gør forfatteren, da han først ankommer til udlejningsforretningen?

3. Hvordan har forfatteren det med at skøjte på kanalerne?

4. Hvorfor er det noget særligt at skøjte på kanalerne om natten?

5. Hvad laver forfatteren på sin sidste dag i Amsterdam?

6. Hvordan har forfatteren det, da han vågner næste morgen?

7. Hvad står der på skiltet på døren til udlejningsbutikken?

8. Hvem kalder forfatterens navn, da han forlader butikken?

Comprehension Questions

1. What is the author's favorite thing to do in Amsterdam?

2. What does the author do when he first arrives at the rental shop?

3. How does the author feel about skating on the canals?

4. Why is it special to skate on the canals at night?

5. What does the author do on his last day in Amsterdam?

6. How does the author feel when he wakes up the next morning?

7. What does the sign on the door of the rental shop say?

8. Who calls the author's name when he is leaving the shop?

Jul i Aalborg

Det var juleaften i Aalborg, og byen var fyldt med spænding. **Gaderne** var fyldt med mennesker, der alle var ivrige efter at få et glimt af julemanden, som var på vej gennem byen. Børn grinede og legede omkring juletræet på torvet, mens deres forældre så på fra nærliggende caféer og restauranter. Pludselig opstod der **tumult for** enden af gaden. Folk begyndte at pege og råbe begejstret. Julemanden er ankommet! Han vinkede til **alle,** mens han bevægede sig ned ad gaden og af og til **stoppede op** for at snakke med børnene eller for at dele gaver ud. Da han nåede frem til torvet, standsede han foran juletræet og lagde en stor sæk under det.

Så vendte han sig **uden at** sige et ord om og begyndte at gå tilbage op ad gaden i retning af det sted, hvor han var kommet fra. Publikum brød ud i jubel og klapsalver, da de så ham forsvinde i det fjerne. Det havde været en **uforglemmelig** juleaften i Aalborg! Næste **morgen var der** travlhed på torvet, hvor folk skyndte sig at se, hvad julemanden havde efterladt i sin sæk. Der var gaver til alle Aalborgs børn i sækken! Der var legetøj, tøj, slik og meget mere. **Forældrene** blev heller ikke glemt, for der var også gaver til dem. Det var en jul, som alle ville huske i mange år fremover! Som årene gik, fortsatte julemanden med at besøge Aalborg juleaften. Traditionen med at efterlade gaver på **torvet, som** alle kan glæde sig over, er blevet kendt i hele Danmark. Folk kom fra nær og fjern for at se julemanden i Aalborg

Christmas In Aalborg

It was Christmas Eve in Aalborg, and the city was alive with excitement. The **streets** were lined with people, all eager to get a glimpse of Santa Claus as he made his way through town. Children laughed and played around the **Christmas** tree in the square, while their parents watched on from nearby cafes and restaurants. All of a sudden, there was a **commotion** at the end of the street. People started pointing and shouting excitedly. Santa Claus has arrived! He waved to **everyone** as he made his way down the street, **stopping** occasionally to chat with children or give out presents. As he reached the square, he stopped in front of the Christmas tree and placed a large sack underneath it.

Then, **without** saying a word, he turned around and began walking back up the street towards where he had come from. The crowd erupted into cheers and applause as they watched him disappear into the distance. It had been an **unforgettable** Christmas Eve in Aalborg! The next **morning**, the square was bustling with activity as people rushed to see what Santa had left in his sack. Inside were presents for all the children of Aalborg! There were toys, clothes, sweets, and much more. The **parents** were also not forgotten, as there were gifts for them too. It was a Christmas that everyone would remember for years to come! As the years went by, Santa continued to visit Aalborg on Christmas Eve. The tradition of leaving presents in the **square** for everyone to enjoy has become well known

juleaftensdag. Og det var takket være en enkelt mands **gavmildhed** og kærlighed til at give, at denne smukke tradition startede!

Hver juleaften er torvet i Aalborg fyldt med mennesker fra hele verden hver eneste **juleaften.** De kommer for at se julemanden og for at opleve den glæde og lykke, som han bringer til alle, han møder. Det er virkelig et magisk sted, og det hele startede med en mands **venlige** handling for så mange år siden. Et år **besluttede** julemanden **sig for** at gå på pension. Han vidste, at det var på tide, at en anden overtog hans rolle og bragte lykke til Aalborgs befolkning juleaften. Så han håndplukkede en **efterfølger** og uddannede ham i alt, hvad han skulle vide om at være julemand. Juleaftensdag det år gik den nye julemand gennem byen og stoppede op for at snakke med børn og dele gaver ud, ligesom hans **forgænger** havde gjort. Da han nåede frem til torvet, lagde han en stor sæk under træet, inden han vendte om og gik tilbage op ad gaden. Publikum brød endnu en gang ud i jubel og **klapsalver og bød** deres nye julemand **velkommen!** Og siden da har en ny julemand hvert år overtaget rollen som den, der bringer glæde til alle i Aalborg juleaften. Det er virkelig et særligt sted på denne tid af året!

all over Denmark. People came from far and wide to see Santa Claus in Aalborg on **Christmas** Eve. And it was all thanks to one man's **generosity** and love for giving that this beautiful tradition started!

Every **Christmas** Eve, the square in Aalborg is filled with people from all over the world. They come to see Santa Claus and to experience the joy and happiness that he brings to everyone he meets. It truly is a magical place, and it all started with one man's act of **kindness** so many years ago. One year, Santa Claus **decided** to retire. He knew that it was time for someone else to take over his role and bring happiness to the people of Aalborg on Christmas Eve. So, he hand-picked a **successor** and trained him in everything he needed to know about being Santa Claus. On Christmas Eve that year, the new Santa made his way through the city, stopping to chat with children and give out presents just like his **predecessor** had done. As he reached the square, he placed a large sack underneath the tree before turning around and making his way back up the street. The crowd erupted into cheers and **applause** once again, **welcoming** their new Santa Claus! And so, every year since then, a newSanta has taken over the role of bringing joy to everyone in Aalborg on **Christmas** Eve. It is truly a special place during this time of year!

Forståelsesspørgsmål

1. Hvad er traditionen i Aalborg juleaften?

2. Hvordan startede denne tradition?

3. Hvem er den nye julemand hvert år?

4. Hvad gør julemanden, når han når frem til pladsen?

5. Hvad er der i den store sæk, som julemanden lægger under træet?

6. Hvad kommer folk fra hele verden til Aalborg for at se juleaften?

7. Hvorfor besluttede julemanden sig for at gå på pension?

8. Hvem har håndplukket julemandens efterfølger?

9. Hvad laver den nye julemand juleaften?

10. Hvorfor er Aalborg et særligt sted på denne tid af året?

Comprehension Questions

1. What is the tradition in Aalborg on Christmas Eve?

2. How did this tradition start?

3. Who is the new Santa Claus every year?

4. What does Santa Claus do when he reaches the square?

5. What is in the large sack that Santa Claus places under the tree?

6. What do people from all over the world come to Aalborg to see on Christmas Eve?

7. Why did Santa Claus decide to retire?

8. Who hand-picked Santa's successor?

9. What does the new Santa do on Christmas Eve?

10. Why is Aalborg a special place at this time of year?

Udforskning af Jelling Mounds

Jellinghøjene er et **fascinerende** historisk sted i Danmark. De stammer helt tilbage fra vikingetiden og blev brugt som gravhøje for vigtige personer fra den tid. Jeg har altid været interesseret i historie, så da jeg hørte om muligheden for at udforske disse **gravhøje, greb** jeg chancen med kyshånd. Jeg blev ikke **skuffet**. Det første, der slog mig, var størrelsen på dem - de er enorme! Og der er to af dem, side om side. Det er let at forestille sig, hvor **imponerende** de ville have set ud for nogen, der levede i vikingetiden. Da vi udforskede videre, fandt vi mange interessante **artefakter** inde i højene. Det omfattede smykker, våben og endda nogle menneskelige rester. Det var utroligt at tænke på, hvem disse **mennesker** var, og hvordan deres liv ville have været for alle disse år siden. Vi lærte også om endnu en **interessant** kendsgerning om Jellinghøjene - de siges at være hjemsøgte!

Tilsyneladende er der i årenes løb blevet set **spøgelsesfigurer** omkring dem. Uanset om det er sandt eller ej, giver det i hvert fald disse i forvejen fascinerende historiske monumenter et ekstra element af intriger. Da vi **gik** rundt om Jelling Mounds, kunne jeg ikke lade være med at føle en følelse af ærefrygt. Disse enorme gravhøje er en påmindelse om, hvor anderledes livet var for folk i vikingetiden. Det er svært at forestille sig, hvordan det må have været at leve i en

Exploring Jelling Mounds

The Jelling Mounds are a **fascinating** historical site in Denmark. They date back to the Viking Age and were used as burial mounds for important people of that time. I have always been interested in history, so when I heard about the opportunity to explore these **mounds**, I jumped at the chance. I was not **disappointed**. The first thing that struck me was the size of them—they are huge! And there are two of them, side by side. It is easy to imagine how **impressive** they would have looked to someone living in the Viking age. As we explored further, we found many interesting **artefacts** inside the mounds. This included jewellery, weapons, and even some human remains. It was incredible to think about who these **people** were and what their lives would have been like all those years ago. We also learned about another **interesting** fact about the Jelling Mounds— they are said to be haunted!

Apparently, there have been sightings of ghostly **figures** around them over the years. Whether this is true or not, it certainly adds an extra element of intrigue to these already fascinating historical monuments. As we **walked** around the Jelling Mounds, I couldn't help but feel a sense of awe. These huge burial mounds are a reminder of how different life was for people in the Viking age. It is hard to imagine what it must have been like to live in such a time when death was so commonplace. The thought of all the **people** who had

sådan tid, hvor døden var så almindelig. Tanken om alle de **mennesker, der** var blevet begravet her - nogle med stor ære og andre i skam - gjorde mig ret trist. Men der er også noget meget fredfyldt ved dette sted. **Måske** er det fordi det føles så langt væk fra det moderne livs travlhed. Eller måske er det fordi, at disse høje har stået her i **århundreder og været** vidne til menneskehedens **komme** og gåture gennem historien. Uanset hvad, er jeg glad for, at jeg fik chancen for at udforske dem. Jeg gik rundt ved Jelling Mounds og tog imod seværdighederne og lydene fra dette **fascinerende** historiske sted, da jeg pludselig fik en fornemmelse af, at jeg blev overvåget. Jeg vendte mig om, men der var ingen. Det må have været min fantasi.

 Men så hørte jeg en lyd - en mærkelig, højlydt klagelyd. Det så ud til at komme inde fra en af højene. Mit hjerte begyndte at banke, da det **gik op for** mig, at jeg måske ikke var alene her alligevel. Da den uhyggelige klagelyde gav genlyd omkring mig, mærkede jeg en kold kulde løbe ned ad ryggen på mig. Der var **helt sikkert** noget mærkeligt, der foregik her. Og så så jeg det - en skikkelse, der kom frem fra en af højene! Først troede jeg, at det måske var en af de arkæologer, der arbejdede på stedet. Men da den kom nærmere, kunne jeg se, at denne figur var **anderledes** - meget højere og tyndere end noget menneske nogensinde kunne være. Det lignede næsten et spøgelse! Da den svævede hen imod mig, mens dens øjne glødede uhyggeligt i **mørket**, vidste jeg, at der ikke var nogen fejl at tage fejl af, hvad denne tingest var: Et ægte levende spøgelse!

been buried here – some with great honour and others in shame – made me feel quite sad. But there is also something very peaceful about this place. **Maybe** it is because it feels so removed from the hustle and bustle of modern life. Or maybe it is because these mounds have stood here for **centuries**, witnessing the **comings** and goings of humanity throughout history. Either way, I am glad I had the chance to explore them. I was walking around the Jelling Mounds, taking in the sights and sounds of this **fascinating** historical site, when I suddenly had the feeling that I was being watched. I turned around, but there was nobody there. It must have been my imagination.

 But then I heard a noise – a strange, high-pitched wailing sound. It seemed to be coming from inside one of the mounds. My heart started to race as I **realized** that I might not be alone here after all. As the eerie wailing sound echoed around me, I felt a cold chill run down my spine. There was **definitely** something strange going on here. And then I saw it – a figure emerging from one of the mounds! At first, I thought it might be one of the archaeologists who were working at the site. But as it came closer, I could see that this figure was **different** — much taller and thinner than any human could ever be. It almost looked like a ghost! As it floated towards me, its eyes glowing eerily in the **darkness**, I knew that there was no mistaking what this thing was: A real live ghost!

Forståelsesspørgsmål

1. Hvad er Jellinghøjene?

2. Hvornår blev Jellinghøjene brugt?

3. Hvad fandt forfatteren i Jellinghøjene?

4. Hvad er en interessant kendsgerning om Jellinghøjene?

5. Hvordan følte forfatteren sig, da han gik rundt om Jelling Mounds?

6. Hvilken støj hørte forfatteren, mens han var ved Jelling Mounds?

7. Hvordan så den figur ud, der kom ud af højen?

8. Var figuren et spøgelse?

9. Hvad gjorde spøgelset?

10. Hvad var forfatterens reaktion på spøgelset?

Comprehension Questions

1. What are the Jelling Mounds?

2. When were the Jelling Mounds used?

3. What did the author find inside the Jelling Mounds?

4. What is one interesting fact about the Jelling Mounds?

5. How did the author feel while walking around the Jelling Mounds?

6. What noise did the author hear while at the Jelling Mounds?

7. What did the figure look like that came out of the mound?

8. Was the figure a ghost?

9. What did the ghost do?

10. What was the author's reaction to the ghost?

Danmarks vikingehistorie

Det første, du skal vide om Danmarks vikingehistorie, er, at danskerne var nogle af de mest frygtede **krigere** i deres tid. De var kendt for deres **brutalitet** og vildskab i kamp, og de plyndrede ofte andre lande for at plyndre deres ressourcer. Vikingerne var dog også dygtige landmænd, handlende og håndværkere, og de brugte deres færdigheder til at opbygge et velstående samfund. Et af de mest berømte aspekter af vikingekulturen er deres skibsbygningsteknologi. Vikingerne var i stand til at skabe utroligt robuste skibe, der kunne sejle over lange afstande og **modstå** barske forhold. Det gjorde det muligt for dem at rejse over hele Europa og endda nå frem til **Nordamerika**. Faktisk var en af de mest berømte vikingeforskere Leif Erikson, som sejlede fra Grønland hele vejen til Newfoundland i Canada!

En anden vigtig del af vikingernes kultur var deres religion. Vikingerne troede på mange guder og gudinder, bl.a. Odin (krigsguden), Thor (tordenguden), Freyja (kærlighedsgudinden) og Freyr (frugtbarhedsguden). De **tilbad** disse guder ved at bygge templer kaldet "hofs", hvor de ofrede dyr eller endda mennesker. Vikingernes samfund var **opdelt** i tre klasser: adelige, frie mænd og slaver. Adelsmænd var rige godsejere, som havde magt over både frie mænd og slaver. Frimænd var fattige bønder eller håndværkere, der ejede lidt jord, men havde mere

Denmark's Viking History

The first thing you need to know about Denmark's Viking history is that the Danes were some of the most feared **warriors** of their time. They were known for their **brutality** and ferocity in battle, and they often raided other countries in order to plunder their resources. However, the Vikings were also skilled farmers, traders, and craftsmen, and they used their skills to build a prosperous society. One of the most famous aspects of Viking culture is their **shipbuilding** technology. The Vikings were able to create incredibly sturdy ships that could sail long distances and **withstand** harsh conditions. This allowed them to travel all over Europe and even reach North **America**. In fact, one of the most famous Viking explorers was Leif Erikson, who sailed from Greenland all the way to Newfoundland in Canada!

Another important part of Viking culture was their religion. The Vikings believed in many gods and goddesses, including Odin (the god of war), Thor (the god of thunder), Freyja (the goddess of love), and Freyr (the god of fertility). They **worshipped** these deities by building temples called "hofs" where they would offer sacrifices such as animals or even humans. Viking society was **divided** into three classes: nobles, freemen, and slaves. Nobles were wealthy landowners who had power over both freemen and slaves. Freemen were poor farmers or craftspeople who owned little land but had more freedom than slaves did. Slaves

frihed end slaverne. Slaver var tilfangetagne fjender eller forbrydere, som ikke havde **nogen som helst** rettigheder; de kunne til enhver tid købes eller sælges af enhver med penge nok. Det første, du skal vide om Danmarks vikingehistorie, er, at danskerne var nogle af de mest frygtede krigere i deres tid. De var kendt for deres **brutalitet** og vildskab i kamp, og de plyndrede ofte andre **lande for at** plyndre deres ressourcer. Vikingerne var dog også dygtige landmænd, handlende og håndværkere, og de brugte deres færdigheder til at opbygge et **velstående** samfund.

 Et af de mest berømte **aspekter** af vikingekulturen er deres skibsbygningsteknologi. Vikingerne var i stand til at skabe utroligt robuste skibe, der kunne sejle over lange afstande og **modstå** barske forhold. Det gjorde det muligt for dem at rejse over hele Europa og endda nå frem til Nordamerika. Faktisk var en af de mest berømte vikingeforskere Leif Erikson, som sejlede fra Grønland hele vejen til Newfoundland i Canada! En anden vigtig del af vikingekulturen var deres religion. **Vikingerne** troede på mange guder og **gudinder**. Det første, du skal vide om Danmarks vikingehistorie, er, at danskerne var nogle af de mest frygtede krigere i deres tid. De var kendt for deres brutalitet og vildskab i kamp, og de plyndrede ofte andre lande for at plyndre deres **ressourcer**.

were captured enemies or criminals who had no rights **whatsoever**; they could be bought or sold at any time by anyone with enough money. The first thing you need to know about Denmark's Viking history is that the Danes were some of the most feared warriors of their time. They were known for their **brutality** and ferocity in battle, and they often raided other **countries** in order to plunder their resources. However, the Vikings were also skilled farmers, traders, and craftsmen, and they used their skills to build a **prosperous** society.

One of the most famous **aspects** of Viking culture is their **shipbuilding** technology. The Vikings were able to create incredibly sturdy ships that could sail long distances and **withstand** harsh conditions. This allowed them to travel all over Europe and even reach North America. In fact, one of the most famous Viking explorers was Leif Erikson, who sailed from Greenland all the way to Newfoundland in Canada! Another important part of Viking culture was their religion. The **Vikings** believed in many gods and **goddesses**. The first thing you need to know about Denmark's Viking history is that the Danes were some of the most feared warriors of their time. They were known for their brutality and ferocity in battle, and they often raided other countries in order to plunder their **resources**.

Forståelsesspørgsmål

1. Hvad var danskerne kendt for i vikingetiden?

2. Hvordan byggede vikingerne deres skibe?

3. Hvorfor var vikingerne i stand til at rejse så langt?

4. Hvem var den mest berømte vikingeudforsker?

5. Hvad var vikingernes tro?

6. Hvilke tre klasser fandtes der i vikingesamfundet?

7. Hvad havde adelsmændene magt over?

8. Hvad ejede de frie mænd?

9. Hvad var slavernes skæbne?

10. Hvad ofrede vikingerne som offer?

Comprehension Questions

1. What were the Danes known for during the Viking era?

2. How did the Vikings build their ships?

3. Why were the Vikings able to travel so far?

4. Who was the most famous Viking explorer?

5. What were the Vikings' beliefs?

6. What were the three classes in Viking society?

7. What did the nobles have power over?

8. What did the freemen own?

9. What was the fate of slaves?

10. What did the Vikings offer as sacrifices?

Vandreture gennem Møns Klint

Solen var ved at gå ned, da jeg begyndte min vandring op ad Møns Klint. Jeg havde **planlagt** dette i ugevis, og endelig var dagen kommet. Luften var frisk, og himlen var klar; det var perfekt vandrevejr. Mens jeg gik, tog jeg den **fantastiske** udsigt over klipperne og havet nedenunder i øjesyn. Det føltes godt at være ude i naturen, væk fra hverdagens travlhed og travlhed. Jeg nåede toppen af Møns Klint, lige da solen var ved at forsvinde bag horisonten. Udsigten heroppefra var endnu mere **betagende,** end jeg havde forestillet mig. Jeg kunne se milevidt i alle **retninger,** og det føltes som om jeg var på toppen af verden. Efter at have beundret udsigten i et stykke tid begyndte jeg vandringen nedad igen. **Nedturen** var meget lettere end opturen, og jeg nåede bunden på ingen tid. Jeg var træt, men glad, da jeg gik tilbage til min bil; det havde været en perfekt dag.

Næste dag vågnede jeg tidligt og besluttede mig for at vandre op ad Møns Klint igen. Denne gang ville jeg udforske området lidt mere og se, om der var andre stier, som jeg kunne tage. Efter at have **konsulteret** et kort begav jeg mig ud på en ny sti, der førte mig gennem noget **skov.** Der var uhyggeligt stille i skoven, og jeg begyndte at føle mig lidt urolig. Pludselig hørte jeg noget raslende i buskadset foran mig. Mit hjerte **slog hurtigere**, og jeg nærmede mig langsomt busken

Hiking through Møns Klint

The sun was setting as I began my hike up Møns Klint. I had been **planning** to do this for weeks, and finally the day had arrived. The air was crisp and the sky was clear; it was perfect hiking weather. As I walked, I took in the **stunning** views of the cliffs and the sea below. It felt good to be out in nature, away from the hustle and bustle of everyday life. I reached the top of Møns Klint just as the sun was disappearing behind the horizon. The view from up here was even more **breathtaking** than I had imagined. I could see for miles in every **direction**, and it felt like I was on top of the world. After admiring the view for a while, I began the hike back down. The **descent** was much easier than the climb up, and I reached the bottom in no time. I was tired but happy as I made my way back to my car; it had been a perfect day.

The next day, I woke early and decided to hike up Møns Klint again. This time, I wanted to explore the area a bit more and see if there were any other trails that I could take. After **consulting** a map, I set off on a new trail that led me through some **woods**. The forest was eerily quiet, and I began to feel a bit uneasy. Suddenly, I heard something rustling in the bushes ahead of me. My heart **racing**, I slowly approached the bush... only to find a small rabbit hopping around! Relieved, I laughed at myself for being so jumpy. The rest of the **hike** was

... og fandt en lille kanin, der hoppede rundt! Jeg var lettet og grinede af mig selv, fordi jeg var så nervøs. Resten af **vandreturen** var **begivenhedsløs,** men der havde været nok spænding for én dag! Jeg var nu på min tredje vandredag, og jeg var blevet forelsket i området. Jeg havde aldrig før følt mig så forbundet med naturen, og jeg var ked af at tænke på, at min tid her var ved **at være** forbi. Jeg besluttede mig for at få mest muligt ud af min sidste dag ved at udforske en ny sti, der førte op i bakkerne.

Det var svært i starten, men jeg nåede hurtigt nok op på toppen. Heroppefra kunne jeg se milevidt i alle retninger; det var virkelig en betagende udsigt. Efter at have nydt landskabet i et stykke tid begyndte jeg at vandre nedad igen. Da jeg gik gennem skoven, fangede **noget** mit blik: en lille sti, der førte ud i det **fjerne**. Jeg var nysgerrig og fulgte den, indtil den endte i en lille **lysning ...** og der foran mig var der et **utroligt** syn: et vandfald! Det var ikke på noget kort, og jeg vidste, at der ikke var mange, der kendte til det. Det føltes, som om jeg havde opdaget noget særligt, noget, der kun tilhørte mig. Næste dag pakkede jeg mine ting og begyndte køreturen hjem. Jeg var ked af at efterlade Møns Klint, men jeg vidste, at jeg ville komme tilbage. Dette sted havde givet mig en ny **forståelse** for naturen, og jeg følte mig mere **forbundet** med verden end nogensinde før. Da jeg kørte væk, kastede jeg et sidste blik på klipperne; de så så så små ud hernedefra. Men i mit hjerte vidste jeg, at de var lige så store som bjerge.

uneventful, but there had been enough excitement for one day! I was now on my third day of hiking, and I had fallen in love with the area. I had never felt so connected to nature before, and I was sad to think that my time here was **coming** to an end. I decided to make the most of my last day by exploring a new trail that led up into the hills.

The going was tough at first, but soon enough I reached the top. From up here, I could see for miles in every direction; it truly was a breathtaking view. After soaking in the scenery for a while, I began the hike back down. As I made my way through the woods, **something** caught my eye: a small path leading off into the **distance**. Curious, I followed it until it dead-ended at a small **clearing**... and there in front of me was an **incredible** sight: a waterfall! It wasn't on any of the maps, and I knew that not many people knew about it. It felt like I had discovered something special, something that only belonged to me. The next day, I packed up my things and began the drive home. I was sad to leave Møns Klint behind, but I knew that I would be back. This place had given me a new **appreciation** for nature, and I felt more **connected** to the world than ever before. As I drove away, I took one last look at the cliffs; they looked so small from down here. But in my heart, I knew that they were as big as mountains.

Forståelsesspørgsmål

1. Hvor tager forfatteren på vandretur?

2. Hvad synes forfatteren om udsigten fra toppen af Møns Klint?

3. Hvad gør forfatteren på den anden dag af vandreturen?

4. Hvad finder forfatteren på den tredje dag af vandreturen?

5. Hvad tænker forfatteren om Møns Klint, da de forlader Møns Klint?

6. Hvor ligger Møns Klint?

7. Hvilken slags dyr skræmmer forfatteren på den anden dag af vandreturen?

8. Hvor mange dage vandrer forfatteren i alt?

9. Hvad tænker forfatteren om naturen, før han besøger Møns Klint?

Comprehension Questions

1. Where does the author go hiking?

2. What does the author think of the view from the top of Møns Klint?

3. What does the author do on the second day of hiking?

4. On the third day of hiking, what does the author find?

5. What does the author think of Møns Klint as they leave?

6. Where is Møns Klint located?

7. What kind of animal scares the author on the second day of hiking?

8. How many days in total does the author hike for?

9. What does the author think of nature before visiting Møns Klint?

Besøg i Nyhavn

Første gang jeg besøgte Nyhavn, var det kærlighed ved første blik. De farverige bygninger, de charmerende brostensbelagte gader, jeg vidste, at jeg måtte komme tilbage. Og det gjorde jeg så, igen og igen. Hvert besøg var som et lille stykke af **himlen**. Men så en dag **ændrede** noget **sig**. Nyhavn var ikke længere det samme som før. Farverne var dæmpede, gaderne var tomme ... Det føltes som en spøgelsesby. Jeg vidste ikke, hvad der var sket, men uanset hvad det var, **savnede** jeg det gamle Nyhavn inderligt. En dag, efter flere års fravær, besluttede jeg mig for at tage tilbage og se, om noget havde ændret sig. Til min **lettelse** (og glæde) var Nyhavn lige så **smuk som** altid! Farverne var endnu en gang klare, og gaderne var fulde af liv - det var som at træde ind i en drøm. " Jeg er ikke sikker på, hvad der fik mig til at komme tilbage til Nyhavn efter alle disse år.

 Måske var det minderne om alle de gode stunder, jeg havde haft der, eller måske savnede jeg bare stedet. **Uanset hvad** årsagen var, er jeg glad for, at jeg gjorde det. At gå ned ad de brostensbelagte gader igen, at se de farverige bygninger ... det var som at komme hjem. Og selv om Nyhavn har ændret sig gennem årene, er det stadig mit yndlingssted i verden. " Jeg vågnede til lyden af måger der skreg og bølger der **slog** mod kajerne. Solen **tittede** lige over horisonten og kastede et lyserødt og orange skær over himlen. Jeg gabte og strakte mig og følte mig **helt** rolig. Det var dage som disse, der gjorde mig glad for, at jeg havde valgt at bo

Visiting Nyhavn

The first time I ever visited Nyhavn, it was love at first sight. The colorful buildings, the charming cobblestone streets, I knew I had to come back. And so I did, again and again. Each visit was like a little slice of **heaven**. But then one day, something **changed**. Nyhavn wasn't the same as it used to be. The colors were muted, the streets were empty... It felt like a ghost town. I didn't know what had happened, but whatever it was, I **missed** the old Nyhavn dearly. One day, after years of absence, I decided to go back and see if anything had changed. To my **relief** (and joy), Nyhavn was just as **beautiful** as ever! The colors were bright once again and the streets were bustling with life – it was like stepping into a dream. " I'm not sure what made me come back to Nyhavn after all these years.

 Maybe it was the memories of all the good times I'd had there, or maybe I just missed the place. **Whatever** the reason, I'm glad I did. Walking down those cobblestone streets again, taking in the colorful buildings... it was like coming home. And even though Nyhavn has changed over the years, it's still my favorite place in the world. " I awoke to the sound of seagulls crying and waves **crashing** against the docks. The sun was just **peeking** over the horizon, casting a pink and orange glow across the sky. I yawned and stretched, feeling **completely** at peace. It was days like this that made me glad I'd chosen to live in Nyhavn. There was something about this place that just felt right. I got out of

i Nyhavn. Der var noget ved dette sted, der bare føltes rigtigt. Jeg stod op af sengen og gik over til vinduet og tog udsigten over Nyhavns havn i mig med et smil på læben. Alt så så fredeligt ud. så perfekt. " **Pludselig** hørte jeg råb udefra, **efterfulgt af** et højt brag. Mit hjerte **sprang** et slag **over,** mens jeg løb hen til vinduet og frygtede, hvad jeg kunne se. Men da jeg kiggede ned, så jeg kun en gruppe mennesker, der **grinede** og jublede - de var i gang med en slags leg med en af bådene, der lå i havnen. "

Jeg sukkede lettet op og grinede af mig selv, fordi jeg var så nervøs. Det er bare en af de ting, man vænner sig til at bo her," En dag, mens du **slentrer** ned ad en af Nyhavns brostensbelagte gader og beundrer de farverige bygninger, falder du over en lille dør **gemt** væk mellem to butikker. "Du er **fascineret** af dens skjulte beliggenhed og mangel på skiltning og beslutter dig for at træde ind." Du befinder dig i et veloplyst rum, der ser ud som om det kunne være en del af et smukt hjem. Væggene er foret med **bogreoler** fra gulv til loft, og en **behageligt udseende** lænestol er **placeret** foran et stort vindue med udsigt over havnen. Det er tydeligt, at nogen tilbringer meget tid i dette rum, og man kan ikke undgå at føle sig tiltrukket af det. Du sætter dig i lænestolen og tager en af bøgerne op fra hylden og bladrer i siderne i blinde.

bed and walked over to the window, taking in the view of Nyhavn harbor with a smile on my face. Everything looked so peaceful. so perfect. " **Suddenly**, I heard shouting from outside, **followed** by a loud crash. My heart **skipped** a beat as I ran to the window, fearing what I might see. But when I looked down, all I saw was a group of people **laughing** and cheering—they were playing some sort of game with one of the boats moored in the harbor. "

I let out a sigh of relief and laughed at myself for being so jumpy. That's just one of the things you get used to living here, " One day, while **strolling** down one of Nyhavn's cobblestone streets admiring the colorful buildings, you stumble upon a small door **tucked** away between two shops. "**Intriguing** by its hidden location and lack of any signage, you decide to step inside." You find yourself in a well-lit room that looks like it could be part of a beautiful home. The walls are lined with **bookshelves** from floor to ceiling, and a **comfortable**-looking armchair is **positioned** in front of a large window overlooking the harbor. It's clear that somebody spends a lot of time in this room, and you can't help but feel drawn to it. You take a seat in the armchair and pick up one of the books from the shelf, flipping **through** its pages idly.

Forståelsesspørgsmål

1. Hvad siger forfatteren om Nyhavn første gang de besøgte den?

2. Hvordan har forfatteren det med Nyhavn, da de efter nogen tid besøger dem igen?

3. Hvorfor mener forfatteren, at Nyhavn har ændret sig?

4. Hvordan har forfatteren det, da han ser, at Nyhavn er den samme som før?

5. Hvad siger forfatteren om at bo i Nyhavn?

6. Hvad gør forfatteren, da de hører råb og et brag udenfor?

7. Hvad siger forfatteren om den lille dør, som de finder?

8. Hvordan føler forfatteren sig efter at have tilbragt noget tid i det skjulte rum?

9. Hvad mener forfatteren om den person, der tilbringer tid i rummet?

Comprehension Questions

1. What does the author say about Nyhavn the first time they visited?

2. How does the author feel about Nyhavn when they revisit after some time?

3. Why does the author think Nyhavn has changed?

4. How does the author feel when they see that Nyhavn is the same as before?

5. What does the author say about living in Nyhavn?

6. What does the author do when they hear shouting and a crash outside?

7. What does the author say about the small door they find?

8. How does the author feel after spending some time in the hidden room?

9. What does the author think about the person who spends time in the room?

På stranden

Efter solopgang er bølgerne højere, og sandet over tidevandet er hvidt. Jeg går ned til stranden og **beundrer** havet og solen. Mine tæer mærker muslingernes riller. Sandet er koldt på mine tæer. Jeg smiler og går videre. Tidevandet er højt, så jeg skal passe på ikke at blive trukket ind i vandet. Jeg går langs vandkanten og beundrer havet. Solopgangen er **smuk, og** bølgerne brydes. Jeg føler mig så fredfyldt. Jeg kommer til et sted, hvor der er en klippeudspring. Jeg sætter mig ned og ser på bølgerne. Vandet er så blåt, og himlen er så **orange**. Jeg føler mig som om jeg er i en drøm. Jeg lukker øjnene og lytter bare til bølgerne. Jeg sad der længe, indtil jeg hørte nogen kalde mit navn.

Jeg åbner øjnene og ser min mor gå hen imod mig. Hun har et bekymret udtryk i ansigtet. Jeg smiler og vinker, og hun **slapper af**. "Jeg undrede mig over, hvor du gik hen," siger hun. "Jeg er glad for, at du nyder stranden." Jeg svarer: "Det gør jeg." "Det er så smukt her." "Det ved jeg godt," siger hun. "Jeg plejede at komme her hele tiden, da jeg var på din alder." "Virkelig?" Jeg spørger. "Ja," svarer hun. "Det er et specielt sted." "Har du nogensinde mødt nogen speciel her?" Jeg spørger. "Ja, det har jeg," svarer hun med et smil. "Din far." "Virkelig?" Jeg siger **overrasket**. "Ja," siger hun. "Vi plejede at komme her hele tiden sammen. Det var her, vi blev forelskede. " Jeg smiler og **forestiller mig, at** mine forældre forelskede sig på denne smukke strand.

At the beach

After sunrise, the waves are louder and the sand above
the tide is white. I walk down to the beach, **admiring**
the sea and the sun. My toes feel the grooves of shells.
The sand is cold on my toes. I smile and keep going.
The tide is high, so I have to be careful not to get pulled
in. I walk along the water's edge, admiring the sea.
The sunrise is **beautiful**, and the waves are crashing. I
feel so peaceful. I come to a spot where there is a rock
outcropping. I sit down and watch the waves. The water
is so blue and the sky is so **orange**. I feel like I'm in a
dream. I close my eyes and just listen to the waves. I
sat there for a long time, until I heard someone calling
my name.

I open my eyes and see my mom walking towards me.
She has a worried look on her face. I smile and wave,
and she **relaxes**. "I was wondering where you went,"
she says. "I'm glad you're enjoying the beach." I reply,
"I am." "It's so beautiful here." "I know," she says. "I
used to come here all the time when I was your age."
"Really?" I ask. "Yeah," she replies. "It's a special
place.""Did you ever meet anyone special here?" I ask.
"I did," she replies with a smile. "Your father." "Really?"
I say, **surprised**. "Yes," she says. "We used to come
here all the time together. It's where we fell in love. "
I smile, **imagining** my parents falling in love on this
beautiful beach. "It's a special place," she repeats. "I'm
glad you came here today."

We sit there for a while longer, **watching** the waves and

"Det er et særligt sted," gentager hun. "Jeg er glad for, at du kom her i dag."

Vi sidder der et stykke tid endnu og **ser på** bølgerne og solnedgangen. Så rejser vi os og går tilbage til vores strandhåndklæder. Jeg lægger mig ned og kigger på stjernerne. Jeg føler mig så glad og tilfreds. Bølgerne er højere nu, og sandet er koldt. Solen er ved at gå ned, og der blæser en kølig brise. Bølgerne slår mod kysten, og der er en duft af salt i luften. Det er en perfekt aften at være på stranden. Jeg går langs kysten, **lytter** til lyden af bølgerne og ser solnedgangen. Jeg ser en gruppe mennesker sidde på sandet og grine og lave sjov. De ser ud til at have det sjovt. Jeg går hen til dem og spørger, om jeg må slutte mig til dem. De siger ja, og vi tilbringer resten af aftenen med at tale, grine og se **solnedgangen**. Det er en perfekt aften. Gruppen og jeg taler sammen, indtil solen går ned. Vi deler historier og vittigheder, og vi har det alle rigtig sjovt. Da natten begynder at falde på, begynder vi alle at føle os trætte. Vi kysser hinanden **farvel** og går fra hinanden. Jeg går tilbage til mit hotel og føler mig glad og tilfreds. Jeg kan slet ikke tro, hvor dejligt det er her. Jeg er så heldig at have **oplevet** det.

the sunset. Then we get up and walk back to our beach towels. I lie down and look at the stars. I feel so happy and content. The waves are louder now, and the sand is cold. The sun is setting and a cool breeze is blowing. The waves are crashing against the shore, and the smell of salt is in the air. It is a perfect evening to be at the beach.

I am walking along the shore, **listening** to the sound of the waves and watching the sunset. I see a group of people sitting on the sand, laughing and joking around. They look like they are having a great time. I walk over to them and ask if I can join them. They say yes, and we spend the rest of the evening talking, laughing, and watching the **sunset**. It is a perfect evening. The group and I talk until the sun sets. We share stories and jokes, and we all have a great time. As the night starts to fall, we all start to feel tired. We kiss each other **goodbye** and part ways. I walk back to my hotel, feeling happy and content. I can't believe how lovely it is here. I'm so lucky to have **experienced** it.

Forståelsesspørgsmål

1. Hvor går fortælleren hen, efter at hun er vågnet op?

2. Hvad er det, som fortælleren beundrer, mens hun går langs stranden?

3. Hvad skal fortælleren være opmærksom på, når hun går langs stranden?

4. Hvor sætter fortælleren sig ned for at nyde udsigten?

5. Hvor længe sidder fortælleren der?

6. Hvem ser fortælleren, da hun åbner øjnene igen?

7. Hvad siger fortæller fortællerens mor?

8. Hvad taler fortælleren og de mennesker, hun møder, om?

Comprehension Questions

1. Where does the narrator go after she wakes up?

2. What is the narrator admiring as she walks along the beach?

3. What does the narrator have to watch out for as she walks along the beach?

4. Where does the narrator sit down to enjoy the view?

5. How long does the narrator sit there?

6. Whom does the narrator see when she opens her eyes again?

7. What does the narrator's mother say?

8. What do the narrator and the people she meets talk about?

Camping ved søen

Jeg går hen mod søen og **beundrer den** fredfyldte scene. Solen skinner ned på den lille sø og får vandet til at ligne en glasplade. Den eneste bevægelse er den lejlighedsvise krusning fra en fisk, der **bryder** overfladen. Selv fuglene synes at tage en pause fra varmen, og kun lyden af cikader fylder luften. **Pludselig** bliver freden brudt af et højt plask. En stor **fisk** er hoppet op af vandet og forsøger at fange en guldsmed. Fisken rammer forbi sit mål og falder tilbage i vandet med et plask. "Wow," tænker jeg ved mig selv, "det var en stor fisk!". Jeg kiggede mig omkring for at se, om der var andre, der havde set den, men der var ingen i nærheden. Jeg må vel fortælle dem det, når jeg kommer tilbage til lejren.

Varmen er **trykkende** og gør det svært at trække vejret. Luften er tyk og tung, som et tæppe, der er svøbt om dig. Den eneste lindring er i vandet. Det er køligt og forfriskende, som en kold drik på en varm dag. Jeg tager en dyb indånding og dykker ned i vandet. Jeg bliver straks lettet, da det kølige vand omgiver mig. Jeg svømmer ned til bunden og så op til overfladen igen og føler vandet køle min krop ned. Jeg fortsætter med at **svømme** omgange og nyder det behagelige pusterum fra varmen. Efter et stykke tid kommer jeg op af vandet og lægger mig ned på græsset, så solen kan tørre min krop. Jeg lukker øjnene og falder i søvn, mens lyden af **cikaderne** luller mig ind i en dyb dvale. Jeg lader solen bage vandet ud af min hud. Jeg kan mærke, at min hud

Camping at the Lake

I walk towards the lake, **admiring** the peacefulness of the scene. The sun is beating down on the small lake, making the water look like a sheet of glass. The only movement is the occasional ripple from a fish **breaking** the surface. Even the birds seem to be taking a break from the heat, with only the sound of cicadas filling the air. **Suddenly**, the peace is broken by a loud splash. A large **fish** has jumped out of the water, trying to catch a dragonfly. The fish misses its target and falls back into the water with a splash. "Wow," I think to myself, "that was a big fish!." I looked around to see if anyone else saw it, but there was no one around. I guess I'll have to tell them when I get back to camp.

The heat is **oppressive**, making it hard to breathe. The air is thick and heavy, like a blanket wrapped around you. The only relief is in the water. It is cool and refreshing, like a cold drink on a hot day. I take a deep breath and dive into the water. The relief is immediate as the cool water surrounds me. I swim down to the bottom and then back up to the surface, feeling the water cool my body. I continue **swimming** laps, enjoying the respite from the heat. After a while, I get out of the water and lie down on the grass, letting the sun dry my body. I close my eyes and drift off to sleep, the sound of the **cicadas** lulling me into a deep slumber. I let the sun bake the water out of my skin. I can feel my skin getting red, but I don't care. I am too hot to care.The next thing I know, the sun is setting.

bliver rød, men jeg er ligeglad. Det næste jeg ved er, at solen er ved at gå ned. Himlen er smukt orange med striber af pink og lilla. Varmen er væk og erstattet af en kølig **brise**.

Jeg rejser mig op og tager mit tøj på igen og føler mig frisk og forynget. Jeg tager en dyb **indånding** af den kølige luft og smiler. Det føles godt at være i live. Jeg går tilbage til campingpladsen og beundrer den måde, farverne danser på himlen. Jeg kan se lejrbålet brænde i det fjerne, og jeg kan lugte røgen i luften. Jeg smiler og **sætter** farten **op.** Jeg er klar til at slappe af og nyde resten af min aften. Jeg går ind på lejrpladsen og ser, at alle er samlet omkring bålet. De **griner** og laver sjov, og jeg kan se ilden reflektere i deres øjne. Jeg smiler og sætter mig ned ved siden af mine venner. Det er godt at være tilbage. Næste morgen vågner jeg tidligt og begynder at pakke mine ting sammen. Jeg er ivrig efter at komme tilbage på stien og fortsætte min rejse. Jeg siger farvel til mine venner og begynder at gå væk. Mens jeg går, kigger jeg en sidste gang på **lejrpladsen**. Jeg kan se, at bålet stadig brænder i det fjerne, og jeg kan lugte røgen i luften. Jeg smiler og sætter farten op. Jeg er klar til at fortsætte min **rejse**.

The sky is a beautiful orange, with streaks of pink and purple. The heat is gone, replaced by a cool **breeze**.

I get up and put my clothes back on, feeling refreshed and rejuvenated. I take a deep **breath** of the cool air and smile. It feels good to be alive. I walk back to the campsite, admiring the way the colors dance in the sky. I can see the campfire burning in the distance, and I can smell the smoke in the air. I smile and **quicken** my pace. I am ready to relax and enjoy the rest of my evening. I walk into the campsite and see that everyone is gathered around the fire. They are **laughing** and joking, and I can see the fire reflecting in their eyes. I smile and sit down next to my friends. It is good to be back. The next morning, I wake up early and start to pack up my things. I am eager to get back on the trail and continue my journey. I say goodbye to my friends and start to walk away. As I walk, I take one last look at the **campsite**. I can see the fire still burning in the distance, and I can smell the smoke in the air. I smile and quicken my pace. I'm ready to continue my **journey**.

Forståelsesspørgsmål

1. Hvor skal den gående hen?

2. Hvilken slags vejr er det?

3. Hvordan ser vandet ud?

4. Hvordan reagerer rollatoren på varmen?

5. Hvad laver fisken?

6. Hvorfor er vandringsmanden alene?

7. Hvordan føles vandet?

8. Hvordan har den gående det efter svømning?

9. Hvad tid på dagen er det, når rollatoren vågner?

10. Hvor tager vandringsmanden hen, når han forlader lejren?

Comprehension Questions

1. Where is the walker going?

2. What kind of weather is it?

3. What does the water look like?

4. How does the walker react to the heat?

5. What is the fish doing?

6. Why is the walker alone?

7. How does the water feel?

8. How does the walker feel after swimming?

9. What time of day is it when the walker wakes up?

10. Where does the walker go when he leaves the camp?

Huset

Jeg flyttede ind i mit nye hus i sidste uge, og jeg er så **glad for det**! Det er så meget større end mit gamle, og det har en stor baghave. Jeg kan ikke vente med at have venner på besøg til grillfester og fester. Mit yndlingssted er mit nye soveværelse. Det er så stort og lyst, og jeg har masser af plads til at lægge alle mine ting. Jeg er virkelig glad for mit nye hus, og jeg tror, at jeg vil blive meget glad her. Jeg besluttede mig for at udforske huset lidt mere. Jeg gik op på anden sal og begyndte at gå hen til køkkenet, da jeg så en stor sort edderkop på væggen! Jeg skreg og løb ned ad trappen. Jeg var så **bange**! Men efter et par minutter faldt jeg til ro og besluttede mig for at gå tilbage ovenpå. Jeg gik langsomt op i køkkenet og så, at edderkoppen var væk. Jeg var så lettet! Jeg gik tilbage nedenunder og besluttede mig for at gå udenfor for at udforske **baghaven**. Den var så stor! Jeg kunne ikke tro det. Jeg så en gynge i hjørnet og en rutsjebane. Jeg så også et basketballnet og en **trampolin**. Jeg var så spændt!

Jeg kan ikke vente med at bruge alle de nye ting. **Naboerne** kom over og præsenterede sig. De virkede rigtig søde, og vi talte lidt sammen. De inviterede mig til deres grillfest næste weekend, og jeg sagde, at jeg gerne ville komme. Jeg har haft en god første uge i mit nye hus, og jeg glæder mig til alle de nye eventyr, der venter forude. I dag vil jeg gå på opdagelse i baghaven igen og se, hvad jeg ellers kan finde. Hvem ved, måske finder jeg endda en **skat**. Jeg glæder mig til at se, hvad den næste uge bringer! Den næste uge gik jeg på

The House

I moved into my new house last week, and I am so **excited**! It is so much bigger than my old one, and it has a big backyard. I can't wait to have friends over for BBQs and parties. My **favourite** part is my new bedroom. It is so big and bright, and I have lots of space to put all of my things. I am really happy with my new house and I think I will be very happy here. I decided to explore the house a bit more. I went upstairs to the second floor and started making my way to the kitchen when I saw a big black spider on the wall! I screamed and ran downstairs. I was so **scared**! But after a few minutes, I calmed down and decided to go back upstairs. I slowly made my way to the kitchen and saw that the spider was gone. I was so relieved! I went back downstairs and decided to go outside to explore the **backyard**. It was so big! I couldn't believe it. I saw a swing set in the corner and a slide. I also saw a basketball net and a **trampoline**. I was so excited!

I can't wait to use all of this new stuff. The **neighbours** came over and introduced themselves. They seemed really nice, and we talked for a while. They invited me to their BBQ next weekend, and I said I would love to come. I had a great first week in my new house, and I am excited about all of the new adventures that are ahead. Today, I am going to go exploring in the backyard again and see what else I can find. Who knows, maybe I'll even find some **treasure**. I can't wait to see what the next week brings! The next week, I went exploring in the backyard again, and I found a

opdagelse i baghaven igen, og jeg fandt en **hemmelig** have. Den var så smuk! Der var blomster overalt og en lille dam med fisk i. Jeg så også et gyngestativ, som jeg ikke havde set før. Jeg var så glad for at finde denne hemmelige have, og jeg kan ikke vente med at udforske den mere. Den var så **smuk**!

Der var blomster overalt og en lille dam med fisk i. Jeg så også et gyngestativ, som jeg ikke havde set før. Jeg var så spændt på at finde denne hemmelige have, og jeg glæder mig til at udforske den mere. Jeg var også vild med mit nye værelse. Det var så stort og lyst, og der var allerede plakater af mine yndlingsbands på væggene. Jeg behøvede ikke engang at tage mine egne **møbler** med, for der var allerede en seng, en kommode og et skrivebord her. Det her bliver det bedste år nogensinde! Jeg var lidt nervøs for at starte på en ny **skole,** men alle mine nye naboer har været så venlige. Jeg har endda mødt en pige, der bor ved siden af, og hun siger, at hun vil gå med mig i skole den første dag. Jeg elsker mit nye hus, og jeg glæder mig så meget til at starte dette nye kapitel i mit liv! I morgen bliver fantastisk! Jeg gad vide, hvilke eventyr der venter forude. Alle mine ejendele er blevet pakket ud, og jeg er klar til at gå i seng. Jeg kan ikke vente med at se, hvad **morgendagen** bringer!

secret garden. It was so beautiful! There were flowers everywhere and a little pond with fish in it. I also saw a swing set that I hadn't seen before. I was so excited to find this secret garden, and I can't wait to explore it more. It was so **beautiful**!

There were flowers everywhere and a little pond with fish in it. I also saw a **swing** set that I hadn't seen before. I was so excited to find this secret garden, and I can't wait to explore it more. I also loved my new room. It was so big and bright, and there were already posters of my favourite bands on the walls. I didn't even have to bring any of my own **furniture** because there was already a bed, dresser, and desk here. This is going to be the best year ever! I was a little nervous about starting at a new **school**, but all of my new neighbours have been so friendly. I even met a girl who lives next door, and she says that she'll walk to school with me on my first day. I love my new house, and I'm so excited to start this new chapter in my life! Tomorrow is going to be great! I wonder what adventures lie ahead. All of my belongings have been unpacked, and I'm ready for bed. I can't wait to see what **tomorrow** brings!

Forståelsesspørgsmål

1. Hvor bor den pågældende?

2. Hvordan kan personen lide at bo i det nye hus?

3. Hvad er den pågældendes yndlingssted i det nye hus?

4. Hvad fandt personen i haven?

5. Hvem er naboerne?

6. Hvordan føltes de første dage i det nye hus?

7. Hvad er den pågældendes foretrukne del af det nye rum?

8. Hvad har personen planer om at gøre i morgen?

9. Hvad var det bedste ved personens første uge i det nye hus?

10. Hvad er alt i personens nye værelse?

Comprehension Questions

1. Where does the person live?

2. How does the person like it in the new house?

3. What is the person's favorite part of the new house?

4. What did the person find in the garden?

5. Who are the neighbors?

6. How did the person's first days in the new house feel?

7. What is the person's favorite part of the new room?

8. What is the person planning to do tomorrow?

9. What was the best part of the person's first week in the new house?

10. What is everything in the person's new room?

På toget

Jeg løb hen til togstationen, men jeg kom for sent. Toget var allerede kørt uden mig. Jeg følte mig så **vred** og **skuffet** over mig selv. Jeg havde planlagt at tage toget for at besøge mine bedsteforældre, som bor på landet, men nu skulle jeg vente en hel time på det næste tog. Jeg besluttede mig for at gå rundt i byen et stykke tid i stedet og forsøgte at glemme min forpassede chance. Mens jeg gik, begyndte jeg at **dagdrømme** om alle de steder, man kan komme med **tog.** Pludselig var jeg ikke længere så ked af det. Jeg går tilbage til stationen og kan ikke undgå at lægge mærke til det store røde, hvide og blå lokomotiv, der kommer kørende mod mig. Det er først da jeg ser **konduktøren** vinke til mig fra vinduet, at det går op for mig, at dette tog er til mig. Jeg stiger på toget og finder min plads og sætter mig til rette til det, der lover at blive en lang rejse.

Da vi kører ud af stationen, kan jeg ikke lade være med at tænke på, hvor dette tog vil føre mig hen. Gennem grønne **marker** og over blå floder, forbi bjerge og dale, der er ikke til at sige, hvor dette gamle tog vil køre hen. Da natten begynder at falde på, falder jeg i en **fredelig** søvn, vugget af de **rytmiske** bevægelser fra vognene på skinnerne nedenfor. Da morgenen kommer igen, åbner jeg øjnene og opdager, at vi er ankommet til en lille by et sted midt i ingenting. Solen titter lige frem over horisonten, mens de lokale begynder at myldre rundt på Main Street; det ligner enhver anden dag her bortset fra én ting - der er et stort skilt ved rådhuset, hvor der

On the train

I ran to the train station, but I was too late. The train had already left without me. I felt so **angry** and **disappointed** with myself. I had been planning to take the train to visit my grandparents who live in the country, but now I would have to wait a whole hour for the next train. I decided to walk around the city for a while instead and tried to forget about my missed opportunity. As I walked, I started **daydreaming** about all of the places that **trains** can take you. Suddenly, I wasn't so upset anymore. I head back into the station and can't help but to notice the large red, white, and blue locomotive chugging its way towards me. It's not until I see the **conductor** waving at me from the window that I realise that this train is for me. I board the train and find my seat, settling in for what promises to be a long journey.

As we pull out of the station, I can't help but wonder where this train will take me. Through **fields** of green and over rivers blue, past mountains and valleys too, there's no telling where this old train will go. As night begins to fall, I drift off into a **peaceful** sleep, lulled by the **rhythmic** movement of the cars on the tracks below. When morning comes again, I open my eyes to find that we've arrived in a small town somewhere in the middle of nowhere. The sun is just peeking over the horizon as locals start milling about on Main Street; it looks like any other day here except for one thing-there's a big sign posted near City Hall that

står "Velkommen om bord!" Det ser ud til, at denne lille by har ventet os, selv om vi bare er et almindeligt passagertog, der kører igennem på vej til et andet sted. Da vi endnu en gang lægger byen bag os og kører videre mod hvem ved hvor vi nu skal hen, smiler jeg til alle de venlige ansigter, der vinker farvel fra de små huse, der ligger i **landskabet - det** er virkelig utroligt, hvordan noget så tilsyneladende almindeligt kan bringe så meget glæde blot ved at passere. Og så er der selvfølgelig **børnene**.

Jeg læner mig ud af vinduet på mit lokomotiv. De gør mig altid så glad med deres strålende øjne og store grin. Jeg vinker energisk tilbage til dem, inden jeg vender tilbage til min **kabine** og sætter mig ned. Det har allerede været en lang dag, men den er ikke slut endnu; der er stadig et par timer til, før vi når vores endelige **destination**. Jeg tager min bog frem og begynder at læse, mens jeg lader togets rytmiske gyngen lulle mig ind i en fredfyldt tilstand. Indimellem kigger jeg op på landskabet, der passerer forbi udenfor - det bliver aldrig gammelt, uanset hvor mange gange jeg ser det. Til sidst begynder det at blive mørkt, og i det fjerne begynder der at dukke **blinkende** lys op; vi nærmer os nu. Snart nok kører vi ind på stationen og standser. Mens passagererne begynder at stige af, kan jeg ikke lade være med at **tænke** på, at tog altid har været en vigtig del af mit liv. De har taget mig med på så mange eventyr, både virkelige og **indbildte, og** det vil jeg altid være taknemmelig for.

reads "Welcome aboard!" It seems this little town has been expecting us, even though we're just an ordinary **passenger** train passing through on our way elsewhere. As we leave town behind us once more, chugging along towards who knows where next, I smile at all the friendly faces waving goodbye from those little houses nestled amongst **farmland**—it really is amazing how something so seemingly ordinary can bring so much joy simply by passing through. And then, of course, there are the **children**.

I lean out the window of my locomotive. They always make me feel so happy with their shining eyes and big grins. I waved back at them energetically before returning to my **cabin** and taking a seat. It's been a long day already, but it's not over yet; there's still another few hours until we reach our final **destination**. I pull out my book and start reading, letting the rhythmic rocking of the train lull me into a peaceful state. Every now and then I glance up at the scenery passing by outside— it never gets old no matter how many times I see it. Eventually, night starts to fall and **twinkling** lights start to appear in the distance; we're getting close now. Soon enough, we're pulling into the station and coming to a stop. As passengers start disembarking, I can't help but **reflect** on how trains have always been such an important part of my life. They've taken me on so many adventures, both real and **imaginary**, and for that I will be forever grateful.

Forståelsesspørgsmål

1. Hvor skal toget hen?

2. Hvem rejser med toget?

3. Hvornår kører toget?

4. Hvordan kommer hovedpersonen på toget?

5. Hvor kommer toget fra?

6. Hvor skal toget hen næste gang?

7. Hvornår ankom passagererne?

8. Hvordan har hovedpersonen det, da han misser toget?

9. Hvordan reagerer lokomotivføreren, da han ser hovedpersonen?

10. Hvorfor kan hovedpersonen lide tog?

Comprehension Questions

1. Where is the train going?

2. Who is traveling on the train?

3. When does the train leave?

4. How does the protagonist get on the train?

5. Where does the train come from?

6. Where is the train going next?

7. When did the passengers arrive?

8. How does the protagonist feel when he misses the train?

9. How does the train driver react when he sees the protagonist?

10. Why does the protagonist like trains.

Tilberedning af aftensmad

Klokken er 17.00 nu, og jeg er på vej hjem fra arbejde. Jeg **glæder mig** til at få en rolig aften derhjemme med min partner. Vi laver aftensmad sammen og slapper så bare af resten af aftenen. Det føles godt at vide, at jeg ikke har nogen planer eller forpligtelser denne **aften**. Jeg kommer hjem, og min partner er allerede i køkkenet og er begyndt at forberede vores middag. Det dufter **fantastisk** herinde! Vi snakker, mens vi laver mad, og vi får snakket om hinandens dage og deler små historier fra vores arbejdsliv. Køkkenet er mit yndlingsrum i vores lejlighed. Jeg elsker at lave mad, og jeg elsker især at lave mad sammen med min partner. Vi har det altid så sjovt herinde, hvor vi griner og laver sjov, mens vi laver mad i en storm. Desuden er maden altid **fantastisk,** når vi arbejder **sammen**.

I aften laver vi en af mine absolutte yndlingsopskrifter: **kylling** med parmesan. Min partner starter med at panere kyllingen, mens jeg får saucen til at simre på **komfuret**. Vi arbejder sammen som en velsmurt maskine, og inden længe er maden klar til servering. Vi sætter os ved vores lille køkkenbord med **tallerkener** fyldt med parmesankylling, pasta og salat. Vi klirrer med glassene og tager den første bid - og det er **himmelsk**! Kyllingen er sprød udenpå, men saftig indeni; saucen er smagfuld og perfekt; pastaen er kogt al dente ... alt smager helt perfekt i aften. Vi ved begge to, at det var en af de aftener, hvor alt bare var perfekt, mens

Cooking Dinner

It's 5 pm now and I am walking home from work. I'm looking **forward** to having a calm evening at home with my partner. We'll cook dinner together and then just relax for the rest of the night. It feels good to know that I don't have any plans or obligations this **evening**. I arrive home and my partner is already in the kitchen, starting to prepare our dinner. It smells **amazing** in here! We chat as we cook, catching up on each other's days and sharing little stories from our work lives. The kitchen is my favourite room in our apartment. I love cooking, and I especially love cooking with my partner. We always have such a good time in here, laughing and joking around while we cook up a storm. Plus, the food is always **incredible** when we work **together**.

Tonight, we're making one of my all-time favourite recipes: **chicken** Parmesan. My partner starts by breading the chicken while I get the sauce simmering on the **stovetop**. We work together like a well-oiled machine, and before long, dinner is ready to serve. We sit down at our little kitchen table with **plates** heaped high with chicken Parmesan, pasta, and salad. We clink glasses and take our first bite—and it's **heavenly**! The chicken is crispy on the outside but juicy on the inside; the sauce is flavorful and perfect; the pasta is cooked al dente... everything tastes absolutely perfect tonight. We both know that this was one of those nights where everything just came together perfectly as we **savour** every last bite of our delicious meal. It tasted even

vi **nyder** hver eneste bid af vores lækre måltid. Det smagte endnu bedre end det lugtede - og det var fandeme godt! Vi spiser forholdsvis hurtigt op, da ingen af os er særlig sultne i dag, men vi tager os god tid til at nyde et par **glas** vin mere, mens vi snakker let om dette og hint emne. Efter middagen rydder vi hurtigt op sammen og bevæger os derefter ind i stuen, hvor vi bruger lidt tid på at **hygge os i** sofaen, mens vi ser tv.

Det føles så dejligt at være tæt på hinanden efter en lang **arbejdsdag, hvor vi har været** adskilt. Jeg føler mig tilfreds. Selv om vi ikke havde en begivenhedsrig aften, var det rart bare at tilbringe lidt tid sammen uden at skulle forlade huset. Vi så en film og gik tidligt i seng og følte os **tilfredse** med vores enkle aften. Det er blevet en af vores **yndlingsting, når vi ikke har** lyst til at gå i byen - bare slappe af derhjemme og nyde hinandens selskab over et hjemmelavet måltid. Det er altid rart at vide, at vi kan komme tilbage hertil efter en lang dag og bare være os selv. **Til sidst** begynder vi begge at gabe, så vi beslutter os for at gå ovenpå og gå i seng, hvor vi læser lidt, inden vi smyger os tæt ind under dynen og falder godt i søvn.

better than it smelled—which was pretty damn good! We finish our meal relatively quickly as neither of us is particularly hungry today, but we take our time enjoying a few more **glasses** of wine while chatting lightly about this and that topic. After dinner, we clean up quickly together and then move into the living room, where we spend some time **cuddling** on the couch while watching TV.

It feels so nice just being close to each other after a long day apart **working**. I feel content. Even though we didn't have an eventful evening, it was nice to just spend some time together without having to leave the house. We watched a movie and went to bed early, feeling **satisfied** with our simple night in. This has become one of our **favourite** things to do on nights when we don't want to go out—just relax at home and enjoy each other's company over a home-cooked meal. It's always nice to know that we can come back here after a long day and just be ourselves. **Eventually**, we both start yawning, so we decide to head upstairs to bed, where we read for a bit before snuggling close under the covers and falling asleep soundly.

Forståelsesspørgsmål

1. Hvor kommer fortælleren fra?

2. Hvad laver fortælleren efter arbejde?

3. Hvad spiser fortælleren til aftensmad?

4. Hvorfor kan fortælleren lide køkkenet?

5. Hvilken slags ret laver parret?

6. Hvordan føler fortælleren sig ved slutningen af aftenen?

7. Hvad er parrets yndlingsbeskæftigelse?

8. Hvad gør parret, når de bliver trætte?

9. Hvor sover de?

10. Hvorfor kan fortælleren lide at blive hjemme?

Comprehension Questions

1. Where does the narrator come from?

2. What does the narrator do after work?

3. What does the narrator eat for dinner?

4. Why does the narrator like the kitchen?

5. What kind of dish does the couple cook?

6. How does the narrator feel at the end of the evening?

7. What is the couple's favorite thing to do?

8. What do the couple do when they get tired?

9. Where do they sleep?

10. Why does the narrator like to stay at home?

På vej hjem

Det var en **fredelig** aften, da jeg gik hjem fra arbejde. Mens jeg gik, kunne jeg ikke lade være med at smile over minderne. Det føltes godt at være tilbage i mit gamle kvarter. Jeg vinkede til et par mennesker, jeg kendte, og de vinkede tilbage. Det var godt at være hjemme. Jeg gik forbi min gamle skole og **huskede** alle de gode stunder, jeg havde haft med mine venner. Vi gik altid hjem sammen og talte om vores dag. **Nogle gange** stoppede vi op og fik is eller gik i parken. Det var de bedste tider. Jeg savner den tid. Men nu har jeg min egen familie, og jeg er tilfreds med mit liv. Jeg er glad for, at jeg kan se tilbage på disse minder og smile. De er en del af mit liv, som jeg altid vil værdsætte. Det var den bedste tid. Jeg savner den tid. Men nu har jeg min egen familie, og jeg er tilfreds med mit liv. Jeg er glad for, at jeg kan se tilbage på disse **minder** og smile. De er en del af mit liv, som jeg altid vil værdsætte.

Jeg fortsætter med at gå og tænker på de gode stunder, jeg havde med mine venner. Jeg ved, at jeg snart vil se dem igen. Jeg går mod mit hjem og beslutter mig for at gå gennem en park i nærheden. Solen er ved at gå ned, og himlen er ved at få en **smuk** orange farve. Parken er tom, bortset fra et par fugle, der kvidrer i træerne. Jeg tager en dyb **indånding** og smiler. Mens jeg går gennem parken, ser jeg et stjerneskud strejfe hen over himlen. Jeg ønsker mig noget på den stjerne og fortsætter min gåtur. Jeg tænker på min dag på arbejdet, og hvor **fredfyldt** den var. Jeg smiler for mig

Walking Home

It was a **peaceful** night as I walked home from work.
As I walked, I couldn't help but smile at the memories.
It felt good to be back in my old neighborhood. I waved
to a few people I knew, and they waved back. It was
good to be home. I walked past my old school and
remembered all the good times I had with my friends.
We would always walk home together and talk about
our day. **Sometimes** we would stop and get ice cream
or go to the park. Those were the best times. I miss
those times. But now I have my own family and I'm
happy with my life. I'm glad I can look back on those
memories and smile. They are a part of my life that I will
always cherish. Those were the best times. I miss those
times. But now I have my own family and I'm happy with
my life. I'm glad I can look back on those **memories**
and smile. They are a part of my life that I will always
cherish.

I keep walking, thinking about the good times I had
with my friends. I know I'll see them again soon. I head
towards my home and decide to walk through a park
nearby. The sun is setting and the sky is turning a
beautiful orange color. The park is empty, except for
a few birds chirping in the trees. I take a deep **breath**
and smile. As I walk through the park, I see a shooting
star streak across the sky. I made a wish on that star,
and kept walking. I think about my day at work and
how **peaceful** it was. I smile to myself, thinking about
how lucky I am to have such a great job. I walk home,

selv og tænker på, hvor heldig jeg er med at have
så godt et job. Jeg går hjem og **mærker den** kølige
natteluft på min hud. Jeg føler mig så levende og glad,
fordi jeg bare nyder den simple handling at gå hjem på
en fredelig aften.
Jeg havde det så godt, at jeg begyndte at **fløjte**. Jeg gik
forbi et par mennesker på gaden, men de passede alle
sammen deres egne sager.

Jeg drejede om hjørnet ind på min gade og så min
nabos kat, Mr. Whiskers, sidde på min veranda. Jeg
sagde hej til ham, og han miavede tilbage. Jeg **låste**
min dør **op** og gik ind. Jeg var så glad for at være
hjemme. Jeg tog mine sko af og gjorde mig klar til at
gå i seng. Jeg gik i seng den aften og følte mig glad og
taknemmelig, mit hjerte var fuldt af kærlighed. Jeg sov
trygt hele natten og bekymrede mig ikke om noget. Jeg
vågnede fra en udhvilet søvn og blev **mødt af** solen,
der skinnede ind gennem mit vindue. Jeg stod ud af
sengen og strakte mig, tog en dyb indånding og følte
den kølige luft fylde mine lunger. Jeg gik hen til mit
vindue og kiggede ud og hørte fuglene kvidre og **egern**
lege. Jeg smilede og gik hen for at tage tøj på, jeg følte
mig glad og tilfreds. Jeg havde haft en dejlig dag, hvor
jeg havde tilbragt tid med mine **venner** og min familie.
Jeg grinede og spøgte og **hyggede** mig bare.

feeling the cool night air on my skin. I feel so alive and happy, just enjoying the simple act of walking home on a peaceful night.

I felt so good, I started **whistling**. I walked past a few people on the street, but they were all minding their own business.

I turned the corner onto my street and saw my neighbor's cat, Mr. Whiskers, sitting on my porch. I said hello to him and he meowed back. I **unlocked** my door and went inside. I was so happy to be home. I took off my shoes and got ready for bed. I went to bed that night feeling happy and grateful, my heart full of love. I slept soundly through the night, not worrying about anything. I woke up from a restful sleep and was **greeted** by the sun shining in through my window. I got out of bed and stretched, taking a deep breath and feeling the cool air fill my lungs. I walked to my window and looked out, hearing the birds chirping and the **squirrels** playing. I smiled and went to get dressed, feeling happy and content. I had a great day, spending time with my **friends** and family. I laughed and joked and just **enjoyed** myself.

Forståelsesspørgsmål

1. Hvad lavede hovedpersonen, da historien begyndte?

2. Hvad tænkte hovedpersonen på, da han gik hjem?

3. Hvad plejede hovedpersonen at lave med sine venner efter skoletid?

4. Hvad savner hovedpersonen fra den tid?

5. Hvad tænker hovedpersonen om sit nuværende liv?

6. Hvad gør hovedpersonen, når han ser et stjerneskud?

7. Hvordan har hovedpersonen det, når de går hjem?

8. Hvad gør hovedpersonen, når de kommer hjem?

9. Hvordan har hovedpersonen det, når han vågner op næste morgen?

Comprehension Questions

1. What was the protagonist doing when the story started?

2. What did the protagonist think about when walking home?

3. What did the protagonist used to do with friends after school?

4. What does the protagonist miss about those times?

5. What does the protagonist think about their current life?

6. What does the protagonist do when they see a shooting star?

7. How does the protagonist feel when they walk home?

8. What does the protagonist do when they get home?

9. How does the protagonist feel when they wake up the next morning?

Slottet

Familien havde altid ønsket at besøge et gammelt slot i **Tyskland, og** endelig tog de af sted. De blev ikke **skuffede**. Slottet var smukt, og de nød at udforske de mange rum og gange. Det første, der slog dem, var lugten. De fandt **skimmelsvamp**, fugt og noget andet, som de ikke helt kunne sætte en finger på. Den anden ting var lyden. Stenvægge er tykke, men de dæmper ikke lyden helt. De hørte hvert eneste skridt, hvert eneste ord, der blev sagt med en normal stemme, og lejlighedsvis dryppede der vand **et sted i det** fjerne. Da deres øjne vænnede sig til det svage lys, så de massive stenvægge, der tårnede sig op omkring dem, og fra dem hang gobelinerne i **flossede** stykker. De stod i en enorm hal med et højt loft, der blev støttet af udskårne søjler. De var også vilde med udsigten fra tårnene, og børnene havde det sjovt at løbe rundt på området. **Solen** var begyndt at gå ned, da de var færdige med at udforske slottet, og de beklagede, at de ikke havde taget en **lommelygte** med. De besluttede sig for at gå tilbage til indgangen, men fandt hurtigt ud af, at de var faret vild. De vandrede rundt i det, der føltes som timer, indtil de endelig stødte på en dør, der førte ud. De fortsatte, indtil de **nåede** enden af gangen og kom til et imponerende sæt dobbeltdøre. De prøvede så meget de kunne, men dørene ville ikke røre sig. De rasler **ildevarslende,** men bevæger sig ikke en tomme. Det så ud som om den, der har været her før, må være gået igennem her og have låst dem indefra. Til sidst finder de en vej ud. Lettelse skyllede over dem, da de trådte

The castle

The family had always wanted to visit an old castle in **Germany**, and finally they took the trip. They were not **disappointed**. The castle was beautiful, and they enjoyed exploring its many rooms and corridors. The first thing that hit them was the smell. They found **mould**, dampness, and something else they couldn't quite put their finger on. The second thing was the sound. Stone walls are thick, but they don't deaden sound completely. They heard every footstep, every word spoken in a normal voice, and the occasional drip of water **somewhere** in the distance. As their eyes adjusted to the dim light, they saw massive stone walls looming all around them, tapestries hanging from them in **tattered** shreds. They were standing in a huge hall with a high ceiling supported by carved pillars. They also loved the views from the turrets, and the kids had a great time running around the grounds. The **sun** had begun to set by the time they finished exploring the castle, and they regretted that they hadn't brought a **flashlight**. They decided to make their way back to the entrance, but soon found themselves lost. They wandered around for what felt like hours, until finally they came across a door that led outside. They continued until they **reached** the end of the hall and came to an imposing set of double doors. Try as they might, the doors wouldn't budge. They rattle **ominously** but don't move an inch. It looked like whoever was here before must have gone through here and locked them from inside. Eventually, they find a way out. Relief washed over them as they stepped out into the cool

ud i den kølige natteluft.

Solen var begyndt at gå ned, og de **beklagede,** at de ikke havde taget en lommelygte med. De besluttede sig for at gå tilbage til indgangen, men fandt hurtigt ud af, at de var faret vild. De vandrede rundt i det, der føltes som timer, indtil de til sidst stødte på en dør, der førte **udenfor.** Lettethed skyllede over dem, da de trådte ud i den kølige natteluft. Næste aften sørgede de for at tage en lommelygte med sig, da de udforskede resten af slottet. De gik gennem **gården** og ned til floden, der løb bag **slottets** mure. Mens de gik rundt, begyndte de at høre mærkelige lyde. Det lød som om, at nogen fulgte efter dem. De satte farten op, men lydene blev højere og tættere. Familien løb tilbage til slottet så hurtigt de kunne, og de var lettede over at se, at skikkelsen i den **mørke** kappe ikke havde fulgt efter dem.

De gik tilbage til deres værelse og forsøgte at glemme alt om, hvad der var sket, men de kunne ikke slippe følelsen af, at noget holdt øje med dem fra skyggerne. Da de først var inde, **barrikaderede** de døre og vinduer og ringede til politiet. Det var en lang nat, men til sidst ankom politiet og anholdt skikkelsen. De fandt senere ud af, at det blot var en lokal mand, som var kendt for at klæde sig ud og skræmme folk. Han havde gjort det i årevis, og det var bare en **harmløs** spøg. Denne gang var han dog gået for vidt og havde skræmt de forkerte mennesker. Politiet anholdt ham og sigtede ham for ulovlig indtrængen og for at forstyrre freden.

night air.

The sun had begun to set, and they **regretted** that they hadn't brought a flashlight. They decided to make their way back to the entrance, but soon found themselves lost. They wandered around for what felt like hours, until finally they came across a door that led **outside**. Relief washed over them as they stepped out into the cool night air. The next evening, they made sure to take a flashlight with them as they explored the rest of the castle. They walked through the **courtyard** and down to the river that ran behind the **castle** walls. As they walked around, they began to hear strange noises. It sounded like someone was following them. They quickened their pace, but the noises got louder and closer. The family ran back to the castle as fast as they could, and they were relieved to see that the figure in the **dark** cloak had not followed them.

They went back to their room and tried to forget about what had happened, but they could not shake the feeling that something was watching them from the shadows. Once they were inside, they **barricaded** the doors and windows and called the police. It was a long night, but eventually the police arrived and apprehended the figure. They later found out that it was just a local man who was known to dress up and scare people. He had been doing it for years, and it was just a **harmless** prank. However, this time he had gone too far and scared the wrong people. The police arrested him and charged him with trespassing and disturbing the peace.

Forståelsesspørgsmål

1. Hvad gjorde familien, da de farede vild på slottet?

2. Hvordan havde familien det, da de fandt ud af, at det bare var en lokal mand?

3. Hvad gjorde manden, som fik ham arresteret?

4. Hvad var straffen for manden?

5. Hvilken støj hørte familien, mens de gik?

6. Hvor var skikkelsen i den mørke kappe, da familien så ham?

7. Hvad gjorde familien, da de kom tilbage til deres værelse?

8. Hvornår gik familien på opdagelse på slottet igen?

9. Hvad var det, som familien ikke kunne sætte fingeren på?

Comprehension Questions

1. What did the family do when they got lost in the castle?

2. How did the family feel when they found out it was just a local man?

3. What did the man do that got him arrested?

4. What was the sentence for the man?

5. What noise did the family hear while they were walking?

6. Where was the figure in the dark cloak when the family saw him?

7. What did the family do when they got back to their room?

8. When did the family go explore the castle again?

9. What was it that the family couldn't put their finger on?

Min have

Min have er mit lykkelige sted. Jeg går derud hver dag, uanset om det er regn eller solskin, og bruger tid på at passe mine planter. Jeg har lidt af **hvert - grøntsager**, frugt, blomster, urter. Jeg har endda et par høns, som hjælper med at holde skadedyrene på afstand. Jeg starter mine dage i haven med at samle æg fra hønsene. Derefter tjekker jeg mine grøntsager og sørger for, at de får nok vand og sol. Jeg luger bedene og fjerner alle insekter, der **angriber** planterne. Når **alt er ordnet,** læner jeg mig tilbage og nyder freden og stilheden i naturen.

Jeg har altid elsket at tilbringe tid i min have. Der er noget ved at være omgivet af naturen og al den **skønhed, som** den har at byde på. Jeg synes, at det er et meget fredeligt og beroligende sted. Jeg bruger ofte tid i min have på at slappe af og nyde landskabet. Jeg nyder også at arbejde i min have og dyrke ting. Jeg har en ret stor have, og jeg kan lide at dyrke mange **forskellige** ting i den. Jeg dyrker blomster, **grøntsager** og krydderurter. Jeg har også et par frugttræer, som producerer nogle lækre æbler, pærer og blommer. Ud over at dyrke ting nyder jeg også at bruge tid på bare at gå rundt i min have og **beundre** alle de forskellige planter og dyr, der bor her. Jeg har brugt mange timer i årenes løb på at gøre min **have til** et sted, der ikke kun er smukt, men også funktionelt. Jeg elsker at se fuglene flyve rundt og lytte til deres sang. Nogle gange tager jeg endda en bog frem og læser i haven, mens

My Garden

My garden is my happy place. I go out there every day, rain or shine, and spend time tending to my plants. I have a little bit of **everything**-vegetables, fruits, flowers, herbs. I even have a few chickens that help keep the pests at bay. I start my days in the garden by gathering eggs from the chickens. Then I check on my veggies, making sure they are getting enough water and sun. I weed the beds and pick off any bugs that might be **attacking** the plants. Once **everything** is taken care of, I sit back and enjoy the peace and quiet of nature.

I have always loved spending time in my garden. There is something about being surrounded by nature and all of the **beauty** that it has to offer. I find it to be a very peaceful and calming place. I often spend time in my garden just relaxing and enjoying the scenery. I also enjoy working in my garden and growing things. I have a pretty good-sized garden, and I like to grow a variety of **different** things in it. I grow flowers, **vegetables**, and herbs. I also have a few fruit trees that produce some delicious apples, pears, and plums. In addition to growing things, I also enjoy spending time just walking around my garden, **admiring** all of the different plants and animals that call it home. I have spent many hours over the years working on making my **garden** into a place that is not only beautiful but also functional. I love to watch the birds flit around and listen to them sing. Sometimes I even bring out a book and read in the garden while surrounded by all the beauty that I've

jeg er omgivet af al den skønhed, som jeg har skabt.
Havearbejde er min passion, og det giver mig så meget
glæde. Hver dag i min have er en god dag.

En af de ting, jeg elsker at lave mad, er at lave mad, så
det er meget **vigtigt** for mig at have en velassorteret
urtehave. Timian, basilikum, oregano, rosmarin, salvie
og lavendel er blot nogle af de krydderurter, som jeg
gerne dyrker i min have, så jeg kan bruge dem, når jeg
laver mad til mig selv eller til **gæster**. En anden ting, der
er vigtig for mig, når det gælder min have, er at sørge
for, at der er masser af farver i hele haven. For at nå
dette mål dyrker jeg en lang række forskellige blomster,
herunder **roser**, liljer, tusindfryd, tulipaner, impatiens,
morgenfruer osv. Ud over at tilføje farve med blomster
kan jeg også godt lide at skabe interesse ved at bruge
forskellige **teksturer i** haven. Jeg kan f.eks. plante
bregner under tårnhøje solsikker eller hostaer **ved
siden af** spidse prydgræsser. Uanset hvad der ellers
sker i livet, **får** arbejdet i min have mig altid til at føle
mig mere forbundet med naturen og i fred med mig selv.

created. **Gardening** is my passion and it brings me so much joy. Every day in my garden is a good day.

One of the things that I love to do is cook, so having a well-stocked herb garden is very **important** to me. Thyme, basil, oregano, rosemary, sage, and lavender are just some of the herbs that I like to grow in my garden so that I can use them when cooking meals for myself or for **guests**. Another thing that is important to me when it comes to my garden is making sure that there is plenty of colour throughout it. To achieve this goal, I grow a wide variety of flowers, including **roses**, lilies, daisies, tulips, impatiens, marigolds, etc. In addition to adding colour with flowers, I also like to add interest by using different **textures** throughout the garden. For instance, I might plant ferns beneath towering sunflowers or hostas **alongside** spiky ornamental grasses. No matter what else might be going on in life, working in my garden always **manages** to help me feel more connected to nature and at peace with myself.

Forståelsesspørgsmål

1. Hvor ligger forfatterens have?

2. Hvor mange høns har forfatteren?

3. Hvad laver forfatteren i haven hver dag?

4. Hvorfor kan forfatteren lide haven?

5. Hvilke urter planter forfatteren i haven?

6. Hvorfor er det vigtigt for forfatteren, at der er mange farver i hans have?

7. Hvordan skaber forfatteren variation i sin have?

8. Hvordan har forfatteren det, når han arbejder i sin have?

9. Hvad får forfatteren til at føle sig forbundet, når han er i sin have?

10. Hvorfor er hver dag i forfatterens have en god dag?

Comprehension Questions

1. Where is the author's garden?

2. How many chickens does the author have?

3. What does the author do in the garden every day?

4. Why does the author like the garden?

5. What herbs does the author plant in the garden?

6. Why is it important to the author that there are many colors in his garden?

7. How does the author bring variety to his garden?

8. How does the author feel when he works in his garden?

9. What makes the author feel connected when he is in his garden?

10. why is every day in the author's garden a good day?

På indkøb

Jeg elsker at **shoppe** i indkøbscentret. Det er altid så sjovt at gå rundt og kigge på alle de forskellige butikker. Der er noget for enhver smag i centeret, og det er altid et godt sted at finde tilbud på tøj, sko og tilbehør. Jeg **plejer at** starte min shoppingtur med at gå gennem **hovedindgangen til** centeret. Derfra går jeg først til mine yndlingsbutikker. Når jeg har kigget i disse butikker, går jeg rundt og ser, om der er udsalg andre steder. Jeg ender som regel med at bruge et par timer i centeret, før jeg endelig køber ind. Jeg kan altid godt lide at tage mig god tid, når jeg shopper, **fordi** jeg vil være sikker på, at jeg får **præcis** det, jeg ønsker. Desuden er det bare sjovere på den måde!

Jeg synes altid, det er så **fascinerende at** kigge på folk, når jeg er i indkøbscenteret. Man kan virkelig fortælle meget om en person ved at se på den måde, de handler på. Nogle mennesker er meget metodiske og tager sig god tid, mens andre bare tager **alt, hvad** de kan, og går til kassen så hurtigt som muligt. Der er også de shoppere, der virker mere interesserede i at tale i mobiltelefon eller skrive sms'er end i at se på varerne! Men uanset hvilken slags shopper du er, synes alle at nyde at shoppe i et vindue - også selv om du ikke køber noget. Der er bare noget ved at se på alle de smukke ting i **butiksvinduerne, som** gør mig glad. Nogle gange fantaserer jeg om, hvordan det ville være, hvis jeg havde råd til **alt det,** jeg ser! Alt i alt er en dag i indkøbscenteret en af mine yndlingsbeskæftigelser. Det er en fantastisk måde at slappe af og slappe af på,

Going Shopping

I love going **shopping** in the mall. It's always so much fun to walk around and look at all the different stores. There's something for everyone in the mall, and it's always a great place to find deals on clothes, shoes, and accessories. I **usually** start my shopping trip by walking through the main **entrance** of the mall. From there, I head to my favourite stores first. After looking through those stores, I'll walk around and see if there are any sales going on at other places. I usually end up spending a couple hours in the mall before I finally make my purchases. I always like to take my time when shopping **because** I want to make sure that I'm getting **exactly** what I want. Plus, it's just more fun that way!

I always find it so **fascinating** to people watch while I'm at the mall. You can really tell a lot about a person by the way they shop. Some people are very methodical and take their time, while others just seem to grab **whatever** they can and head for the check-out as fast as possible. There are also those shoppers who seem more interested in talking on their cell phones or texting than actually looking at any of the merchandise! No matter what kind of shopper you are, though, everyone seems to enjoy window shopping—even if you don't actually buy anything. There's just something about looking at all of the pretty things in the store **windows** that makes me happy. Sometimes I fantasise about what it would be like if I could afford **everything** I see! All in all, spending a day shopping at the mall is one

samtidig med at man får en lille smule motion (hvis man går nok rundt). Desuden er det **altid** rart at forkæle sig selv med en ny skjorte eller et par nye sko i ny og næ!

Jeg havde haft en **lang** dag på arbejde og havde endelig lidt tid for mig selv, så jeg besluttede mig for at shoppe i centeret. Jeg havde brug for noget nyt tøj til den **kommende** sæson. Så snart jeg gik ind, så jeg alle de lyse lys og skinnende butiksfacader. Jeg gik først hen til min yndlingsbutik og begyndte at kigge i reolerne. Jeg fandt et par søde toppe og prøvede dem på i omklædningsrummet. Mens jeg så mig selv i spejlet, hørte jeg nogen komme ind i omklædningsrummet ved siden af mit. Jeg genkendte deres stemme som en af mine kolleger. Vi hilste på hinanden og begyndte at snakke om arbejdet. Efter et par minutter blev vi begge færdige og gik **hver til sit,** men løb ind i hinanden igen senere. Vi fortsatte med at snakke og indså, at vi havde mere til fælles, end vi troede. Vi drak vores drinks færdig og tog derefter hjem for natten, **udmattede** efter en lang dag med shopping, men alligevel glade for vores indkøb.

of my favourite pastimes. It's a great way to relax and unwind while also getting a little bit of exercise (if you walk around enough). Plus, it's **always** nice to treat yourself to a new shirt or pair of shoes every now and then!

I had a **long** day at work and finally had some time to myself, so I decided to go shopping at the mall. I needed some new clothes for the **upcoming** season. As soon as I walked in, I saw all the bright lights and shiny storefronts. I headed to my favourite store first and started browsing through the racks. I found a few cute tops and tried them on in the dressing room. As I was looking at myself in the mirror, I heard someone coming into the **dressing** room next to mine. I recognised their voice as one of my co-workers. We said hello and started chatting about work. After a few minutes, we both finished up and went our **separate** ways, but then ran into each other again later. We continued chatting and realised that we had more in common than we thought. We finished our drinks and then headed home for the night, **exhausted** from a long day of shopping but happy with our purchases nonetheless.

Forståelsesspørgsmål

1. Hvor kan du bedst lide at opbevare dine varer?

2. Hvad er din yndlingsbutik i indkøbscenteret?

3. Hvor længe bliver du normalt i indkøbscenteret?

4. Hvad synes du om folk, der bruger meget tid i indkøbscenteret? 5. Hvad er din yndlingsaktivitet i indkøbscenteret?

6. Har du nogensinde købt noget i indkøbscentret, som du egentlig ikke havde brug for?

7. Hvordan reagerer du, når du ser noget i indkøbscentret, som du virkelig gerne vil have, men som er for dyrt?

8. Har du nogensinde set noget i indkøbscenteret og tænkt på, hvem der ville købe det?

9. Hvad mener du om folk, der har travlt med deres mobiltelefoner i indkøbscentret i stedet for at kigge i butikkerne?

Comprehension Questions

1. Where do you like to store the most?

2. What is your favorite store in the mall?

3. How long do you usually stay at the mall?

4. What do you think about people who spend a lot of time at the mall? 5. what is your favorite thing to do at the mall?

6. Have you ever bought something at the mall when you didn't really need it?

7. How do you react when you see something at the mall that you would really like, but it is too expensive?

8. Have you ever seen something at the mall and wondered who would buy it?

9. What is your opinion about people who are busy with their cell phones in the mall instead of looking at the stores?

På markedet

Jeg vågner tidligt lørdag morgen og er ivrig efter at komme til **markedet,** før det bliver for overfyldt. Jeg smider noget tøj på og går ud af døren og tager mine genbrugsposer med på vejen. Mens jeg går, begynder jeg at planlægge, hvad jeg vil lave til den kommende uge. Jeg ved, at jeg vil **stege** grøntsager mindst én gang, så jeg bliver nødt til at købe grøntsager af god kvalitet. Jeg vil også lave en suppe eller gryderet, så jeg skal også købe noget kød. Jeg må se, hvad der ser godt ud, når jeg kommer derhen. Markedet ligger kun et par gader væk, og jeg kan allerede se de opstillede boder og de mange **mennesker, der er på vej** rundt.

Jeg ankommer til markedet og går direkte til grøntsagsstanden. Udvalget er smukt, og jeg fylder mine poser med en række **friske** produkter. Jeg snakker lidt med landmanden, og han anbefaler mig nogle opskrifter. Jeg glæder mig til at afprøve dem. Jeg snakker med **landmændene,** mens jeg handler, og lærer dem og deres produkter at kende. Når jeg har fået alle de grøntsager, jeg har brug for, går jeg videre til kødafdelingen. Jeg er lidt mere tøvende her, da jeg ikke er sikker på, hvad jeg vil have. Jeg beslutter mig til sidst for kylling, fordi det er alsidigt og kan bruges i en række forskellige retter. Jeg køber også et par forskellige udskæringer af kød og sørger for at få græsfodret oksekød og fritgående **kylling**. Slagteren var en venlig mand, der altid var glad på trods af de lange arbejdstider. Han pakkede mine kyllingebryster og

At the Market

I wake up early on Saturday morning, eager to get to the **market** before it gets too crowded. I throw on some clothes and head out the door, grabbing my reusable bags on the way. As I walk, I start planning what I want to make for the week ahead. I know I want to **roast** vegetables at least once, so I'll need to buy some good quality vegetables. I also want to make a soup or stew, so I'll need to get some meat as well. I'll have to see what looks good when I get there. The market is only a few blocks away, and I can already see the stalls set up and the **people** milling about.

I arrive at the market and head straight for the vegetable stand. The selection is beautiful, and I fill my bags with a variety of **fresh** produce. I chat with the farmer for a bit, and he recommends some recipes to me. I'm excited to try them out. I chat with the **farmers** as I shop, getting to know them and their products. After I have all the vegetables I need, I move on to the meat section. I'm a bit more hesitant here, as I'm not sure what I want to get. I eventually decide on chicken because it is versatile and can be used in a variety of dishes. I also buy a few different cuts of meat, making sure to get grass-fed beef and free-range **chicken**. The butcher was a friendly man, always cheerful despite the long hours he worked. He wrapped up my chicken breasts and steak before chatting to me about his weekend plans. I said goodbye to him and continued on my way. I also grabbed some eggs and cheese from the

bøffer ind, inden han snakkede med mig om sine planer for weekenden. Jeg sagde farvel til ham og fortsatte min vej. Jeg købte også nogle æg og ost i mejeriafdelingen.

Markedet var fyldt med mennesker, som alle var ivrige efter at få **fingrene i** de friske råvarer og det kød, der blev tilbudt. Luften var tyk af duft af hvidløg og løg, og lyden af latter og samtaler fyldte luften. Jeg banede mig vej gennem mængden og valgte de andre varer, jeg skulle bruge til min ugentlige indkøb. Jeg fyldte min **kurv** med frugt og grøntsager, pasta og brød, inden jeg gik til kassen. Køen var lang, men den gik hurtigt. Endelig var de sidste **varer** købt ind, og det var tid til at tage hjem. Bilen blev læsset, og køreturen hjem var lang og kedelig. Trafikken var tæt, og varmen var trykkende. Endelig kørte bilen ind i indkørslen, og lettelsen var mærkbar. Huset var køligt og roligt, og det var et fristed efter markedets trav**lhed** og travlhed. Alt blev pakket væk, og huset var snart tilbage til den sædvanlige ro og fred. Jeg havde alt, hvad jeg havde brug for til at lave nogle **lækre** måltider til mig selv og min familie. Det var godt at være hjemme.

dairy section.

The market was bustling with people, all of them eager to get their **hands** on the fresh produce and meat that were on offer. The air was thick with the smell of garlic and onions, and the sound of laughter and conversation filled the air. I made my way through the crowd, picking out the other items I needed for my weekly shop. I filled my **basket** with fruit and vegetables, pasta and bread, before heading to the checkout. The queue was long, but it moved quickly. Finally, the last of the **groceries** were bought, and it was time to go home. The car was loaded up, and the drive home was long and tedious. The traffic was heavy and the heat was oppressive. Finally, the car pulled into the driveway and the relief was palpable. The house was cool and quiet, and it was a haven after the **hustle** and bustle of the market. Everything was put away, and the house was soon back to its usual peace and quiet. I had everything I needed to make some **delicious** meals for myself and for my family. It was good to be home.

Forståelsesspørgsmål

1. Hvor skal personen hen?

2. Hvad ønsker personen at købe?

3. Hvor mange tasker har personen?

4. Hvor langt væk er markedet?

5. Hvad laver personen lige nu?

6. Hvad er alt på markedet?

7. Hvor mange mennesker er der på markedet?

8. Hvor lang tid tog det personen at købe det hele?

9. Hvordan tog personen hjem?

10. Hvad gjorde personen, da han eller hun kom hjem?

Comprehension Questions

1. Where is the person going?

2. What does the person want to buy?

3. How many bags does the person have?

4. How far away is the market?

5. What is the person doing right now?

6. What is everything in the market?

7. How many people are in the market?

8. How long did it take the person to buy everything?

9. How did the person go home?

10. What did the person do when he or she got home?

På en café

Det var en kølig efterårsmorgen, og jeg havde aftalt
at mødes med min veninde Lily på vores yndlingscafé
for at drikke en kop kaffe. Jeg pakkede mig varmt ind i
min frakke og mit tørklæde og tog af sted. Bladene var
ved at falde af træerne, og luften havde et lille nip i sig,
men solen skinnede, og det lovede at blive en smuk
dag. Mens jeg gik, **tænkte** jeg på, hvor godt det var
at have en veninde som Lily. Vi havde været venner
i årevis, lige siden vi mødtes på **universitetet**. Vi var
blevet knyttet sammen over vores kærlighed til kaffe og
til at snakke på caféer. Selv om vi nu boede i forskellige
dele af byen, lykkedes det os stadig at mødes til kaffe
en gang om ugen. Jeg ankom til caféen, og Lily var der
allerede og ventede på mig. Vi hilste på hinanden og
bestilte derefter vores kaffe. Vi fandt et bord ved vinduet
og satte os ned for at snakke. **Kaffen** var som altid
lækker, og det var så dejligt at snakke med Lily. Vi talte
om vores uge, vores job og vores planer for fremtiden.
Det var altid så let at tale med Lily, og jeg følte, at jeg
kunne fortælle hende alt. Efter et stykke tid begyndte
vi at blive sultne og **besluttede os for** at bestille noget
mad.

Vi **bestilte** vores mad og fandt en plads ved vinduet.
Solen skinnede ind gennem vinduet og fik alt til at føles
varmt og lykkeligt. Vi sludrede, mens vi spiste vores
mad og nød den simple glæde ved at være i hinandens
selskab. Der var travlt på caféen, men det føltes ikke
overfyldt. Der var en følelse af fred og tilfredshed i

At a Cafe

It was a chilly **autumn** morning, and I had arranged to meet my friend Lily at our favourite cafe for a coffee. I wrapped up warm in my coat and scarf and set off. The leaves were falling from the trees and the air had a nip to it, but the sun was shining and it promised to be a beautiful day. As I walked, I **thought** about how good it was to have a friend like Lily. We had been friends for years, ever since we met at **university**. We bonded over our love of coffee and spending time chatting in cafes. Even though we now lived in different parts of the city, we still managed to meet up for coffee once a week. I arrived at the cafe, and Lily was already there, waiting for me. We hugged each other hello and then ordered our coffees. We found a table by the window and settled down to chat. The **coffee** was delicious, as always, and it was so nice to catch up with Lily. We talked about our week, our jobs, and our plans for the future. It was always so easy to talk to Lily, and I felt like I could tell her anything. After a while, we started to get hungry and **decided** to order some food.

We **ordered** our food and found a seat by the window. The sun was shining in through the window, making everything feel warm and happy. We chatted as we ate our food, enjoying the simple pleasure of being in each other's **company**. The cafe was busy, but it didn't feel crowded. There was a feeling of peace and contentment in the air. As we finished our food, we sat for a while longer, just enjoying the peaceful

luften. Da vi var færdige med vores mad, sad vi et stykke tid endnu og nød den fredelige **atmosfære**. Vi talte i et stykke tid om forskellige ting, der var sket i vores liv. Det var så dejligt at snakke med min veninde og bare **slappe af**. Solen skinnede gennem vinduet, og det føltes som om **intet** kunne ødelægge vores perfekte dag.

Pludselig hørte jeg et højt brag. Jeg vendte mig om og så, at en mand var faldet gennem loftet og lå på gulvet foran os. Han var **dækket af** støv og vragrester og så ud til at være bevidstløs. Min ven og jeg var begge i chok, mens vi stirrede på manden, der lå på gulvet. Vi vidste ikke, hvad vi skulle gøre, eller hvem vi skulle ringe efter hjælp. Vi sad bare der og stirrede på ham, uden at vide, hvad vi skulle gøre. Efter et par minutter kom jeg ud af mig selv og ringede 112. Operatøren fortalte mig, at der snart ville være nogen på stedet. Jeg lagde røret på og fortalte min veninde, hvad **telefonisten** havde sagt. Vi sad begge bare der og ventede på, at hjælpen skulle komme. Det føltes som en evighed, men til sidst **dukkede** en ambulance op. Ambulancefolkene skyndte sig ind og begyndte at arbejde på manden. De konstaterede hurtigt, at han var kommet til skade og skulle bringes på **hospitalet**. Min veninde og jeg var lettede over, at hjælpen var kommet, og at manden ville blive rask igen. Vi spiste **op** og fortsatte vores dag og var taknemmelige for, at alt endte med at gå godt til sidst.

atmosphere. We talked for a while about different things that had been going on in our lives. It was so nice to catch up with my friend and just **relax**. The sun was shining through the window, and it felt like **nothing** could ruin our perfect day.

Suddenly, I heard a loud crash. I turned around to see that a man had fallen through the ceiling and was lying on the floor in front of us. He was **covered** in dust and debris and appeared to be unconscious. My friend and I were both in shock as we stared at the man lying on the floor. We didn't know what to do or who to call for help. We just sat there staring at him, not knowing what to do. After a few minutes, I snapped out of it and called 911. The operator told me that someone would be there soon. I hung up the phone and told my friend what the **operator** had said. We both just sat there waiting for help to arrive. It felt like forever, but eventually an ambulance **showed** up. The paramedics rushed in and started working on the man. They quickly determined that he was injured and needed to be taken to the **hospital**. My friend and I were relieved that help had arrived and that the man was going to be okay. We **finished** our food and went on with our day, thankful that everything turned out alright in the end.

Forståelsesspørgsmål

1. Hvor kommer manden, der falder gennem taget, fra?

2. Hvorfor er kvinden sammen med sin veninde på caféen?

3. Hvad er de to venners yndlingscafé?

4. Hvor længe har de to venner kendt hinanden?

5. Hvad er de to venners yndlingsdrink?

6. I hvilken by bor de to venner?

7. Hvor ofte mødes de to venner?

8. Hvad taler de to venner om, da de mødes første gang på deres yndlingscafé?

9. Hvad er de to venners yndlingsmad?

10. Hvorfor er det så nemt at tale med Lily?

Comprehension Questions

1. Where does the man who falls through the roof come from?

2. Why is the woman with her friend in the café?

3. What is the two friends' favorite café?

4. How long have the two friends known each other?

5. What is the two friends' favorite drink?

6. In which city do the two friends live?

7. How often do the two friends meet?

8. What do the two friends talk about when they first meet at their favorite café?

9. What is the favorite food of the two friends?

10. Why is it so easy to talk to Lily?

Svømning

Poolen var altid et **forfriskende** sted at være, og i dag var det ikke anderledes. Solen skinnede, og vandet så indbydende ud. Jeg tog en dyb indånding og dykkede i vandet og følte vandets kølige favntag. Jeg svømmede omgange i et stykke tid og nød motionen og chancen for at få renset mit hoved. Efter et stykke tid kom jeg ud og tørrede mig, hvorefter jeg satte mig på et håndklæde for at slappe af i solen. Jeg lukkede øjnene og lod **varmen** skyllede ind over mig og mærkede, hvordan mine muskler begyndte at slappe af. Pludselig hørte jeg et plask og åbnede øjnene for at se min lillesøster **padle** rundt i den lave ende. Jeg smilede og betragtede hende et stykke tid, så rejste jeg mig op og gik hen til hende. Vi sludrede lidt og padlede rundt sammen og nød hinandens selskab. Snart sluttede vores forældre sig til os, og vi tilbragte resten af eftermiddagen med at svømme og spille spil sammen. Det var altid så dejligt at tilbringe tid med familien i poolen. Der er **noget** ved at være i vandet, der bare synes at bringe folk sammen. Måske er det fordi vi alle er lige, når vi er i vandet - vi kan ikke skjule vores fejl eller lade som om, vi er noget, vi ikke er. Eller måske er det bare fordi det er sjovt! **Uanset hvad** grunden er, var jeg bare glad for, at vi alle kunne mødes og nyde hinandens selskab på et så specielt sted.

Solen stod ned på min hud, og luften lugtede af klorin. Jeg kunne høre lyden af børn, der grinede og plaskede rundt i poolen. Jeg lå på en liggestol ved siden af

Going Swimming

The pool was always a **refreshing** place to be, and today was no different. The sun was shining and the water looked inviting. I took a deep breath and dove in, feeling the cool embrace of the water. I swam laps for a while, enjoying the exercise and the chance to clear my head. After a while, I got out and dried off, then sat down on a towel to relax in the sun. I closed my eyes and let the **warmth** wash over me, feeling my muscles start to relax. Suddenly, I heard a splash and opened my eyes to see my little sister **paddling** around in the shallow end. I smiled and watched her for a while, then stood up and walked over to her. We chatted for a bit and paddled around together, enjoying each other's company. Soon, our parents joined us, and we spent the rest of the afternoon swimming and playing games together. It was always so nice to spend time with the family at the pool. There's **something** about being in the water that just seems to bring people together. Maybe it's because we're all equal when we're in the water—we can't hide our flaws or pretend to be something we're not. Or maybe it's just because it's fun! **Whatever** the reason, I was just glad that we could all come together and enjoy each other's company in such a special place.

The sun was beating down on my skin and the smell of chlorine was in the air. I could hear the sounds of kids laughing and splashing around in the pool. I was lying on a **lounge** chair next to the pool, soaking up the sun

poolen og nød solen og **nød** dagen. Jeg havde lukket øjnene og var lige ved at falde i søvn, da jeg hørte nogen komme hen til mig. Jeg åbnede mine øjne og så en kvinde stå ved siden af mig. Hun var iført en bikini og havde et håndklæde viklet rundt om livet. Hun havde langt blondt hår og blå øjne. Hun holdt en flaske **solcreme i** hånden. "Har du noget imod, at jeg smører noget solcreme på din ryg?" spurgte hun. "Nej, det er helt fint," sagde jeg og satte mig op, så hun kunne nå min ryg. Jeg mærkede hendes hænder på min hud, da hun påførte solcremen.

Hendes berøring var blid, og duften af solcreme var beroligende. Jeg lukkede øjnene igen og lod mig selv slappe af. Jeg kunne høre **lyden** af hende bevæge sig rundt, men jeg åbnede ikke øjnene. Jeg var tilfreds med bare at ligge der i solen og lytte til lyden af bølgernes **brusen** mod kysten. Efter et par minutter gik hun væk, og jeg åbnede øjnene. Jeg så på hende, da hun gik tilbage til sin liggestol og tog sin bog op. Hun satte sig i stolen og begyndte at læse. Jeg lukkede øjnene igen og lod mig falde i søvn. Jeg **drømte**, at jeg svømmede i poolen og svømmede en tur frem og tilbage. Vandet var forfriskende og køligt på min hud. Jeg kunne mærke solen i mit ansigt og varmen fra vandet, der omgav mig. Jeg svømmede i hvad der **virkede** som timer, indtil jeg endelig nåede den anden side af poolen og kravlede ud. Jeg tørrede mig af og lagde mig ned på min liggestol. Jeg mærkede, at nogen satte sig ved siden af mig, og jeg åbnede **øjnene** for at se kvinden fra tidligere. Hun rakte mig en kold drink, og vi sad der sammen og nød solen og hinandens selskab.

and **enjoying** the day. I had my eyes closed and was just about to drift off to sleep when I heard someone walking up to me. I opened my eyes and saw a woman standing next to me. She was wearing a bikini and had a towel wrapped around her waist. She had long blonde hair and blue eyes. She was holding a bottle of **sunscreen** in her hand. "Do you mind if I put some sunscreen on your back?" she asked. "No, that's fine," I said, sitting up so she could reach my back. I felt her hands on my skin as she applied the sunscreen.

Her touch was gentle and the scent of the sunscreen was soothing. I closed my eyes again and let myself relax. I could hear the **sound** of her moving around, but I didn't open my eyes. I was content just lying there in the sun, listening to the sound of the waves **crashing** against the shore. After a few minutes, she walked away, and I opened my eyes. I watched her as she walked back to her lounge chair and picked up her book. She settled into her chair and began reading. I closed my eyes again and let myself drift off to sleep. I **dreamed** that I was swimming in the pool, doing laps back and forth. The water was refreshing and cool on my skin. I could feel the sun on my face and the warmth of the water surrounding me. I swam for what **seemed** like hours, until finally I reached the other side of the pool and climbed out. I towelled myself off and lay down on my lounge chair. I felt someone sit down next to me, and I opened my **eyes** to see the woman from earlier. She handed me a cold drink, and we sat there together, enjoying the sun and each other's company.

Forståelsesspørgsmål

1. Hvor befandt fortælleren sig, da han begyndte historien?

2. Hvad lugter fortælleren, når han åbner øjnene?

3. Hvad hører fortælleren, da han åbner øjnene?

4. Hvis solcreme giver kvinden fortælleren?

5. Hvad drømmer fortælleren om?

6. Hvorfor er det så specielt for fortælleren at svømme i havet?

7.Hvordan føles det vand, som fortælleren svømmer i?

8. Hvad ser fortælleren, da han kommer op af vandet?

9. Hvad gør kvinden, efter at hun har smurt fortælleren med solcreme?

Comprehension Questions

1. Where was the narrator when the story begins?

2. What does the narrator smell when he opens his eyes?

3. What does the narrator hear when he opens his eyes?

4. Whose sunscreen does the woman give the narrator?

5. What does the narrator dream about?

6. Why is swimming in the ocean so special to the narrator?

7. What does the water feel like when the narrator swims in it?

8. What does the narrator see when he comes out of the water?

9. What does the woman do after she has smeared the narrator with sunscreen?

Slåning af græsplænen

Klokken er 10 om morgenen en **lørdag om** sommeren, og solen skinner allerede ubarmhjertigt ned. Du går ud i garagen for at hente plæneklipperen og føler, at du er **dømt** til hårdt arbejde. Du begynder at slå græsplænen og sørger for at køre stille og roligt, så du ikke overser nogen steder. Mens du slår græsplænen, tænker du på, hvor godt det føles at være udenfor i den friske luft. Da du begynder at skubbe plæneklipperen frem og tilbage over plænen, ser du din nabo i **øjenkrogen**. Du vinker og siger hej, og han vinker tilbage.

Efter et par minutter er du færdig, og du går over til din nabo for at drikke en øl med ham i forhaven. Det er en **perfekt** dag - ikke for varmt, og der blæser en let brise. Du sidder i træets skygge og drikker din øl og snakker med din nabo. Det er dage som disse, der får dig til at sætte pris på sommeren. Så **går** man indenfor og får sig en velfortjent øl. Du falder ned i en stol på verandaen og åbner dåsen og udstøder et tilfreds suk. Lyden af plæneklipperen forsvinder i baggrunden, mens du slapper af i skyggen og nyder øjeblikkets **fred.** Øllen smager ekstra godt efter alt det hårde arbejde i varmen. Jeg var ved at gå indenfor, da jeg hørte en lyd ved siden af.

Det **lød,** som om nogen græd. Jeg stoppede med at slå græs og gik hen til hegnet, der adskilte vores haver. Jeg

Mowing the Lawn

It's 10 in the morning on a summer **Saturday**, and the sun is already beating down mercilessly. You trudge out to the garage to fetch the lawn mower, feeling like you're being **sentenced** to hard labor. You start mowing the lawn, making sure to go nice and slow so you don't miss any spots. As you're mowing, you think about how good it feels to be outside in the fresh air. As you start pushing the mower back and forth across the lawn, you see your neighbour out of the corner of your **eye**. You wave and say hi, and he waves back.

After a few minutes, you're done, and you head over to your neighbour's house to have a beer with him in the front garden. It's a **perfect** day—not too hot, with a gentle breeze blowing. You sit there in the shade of the tree, sipping your beer and chatting with your neighbour. It's days like this that make you appreciate summertime. Then you **head** inside for a well-deserved beer. You flop down in a chair on the front porch and crack open the can, letting out a contented sigh. The sound of the mower fades into the background as you relax in the shade, enjoying the **peacefulness** of the moment. The beer tastes extra good after all that hard work in the heat. I was about to head inside when I heard a noise next door.

It **sounded** like someone was crying. I stopped mowing and walked over to the fence that separated our yards. I peered over and saw my neighbor, Mrs. Johnson, crying on her porch swing. I called out to her, but she

kiggede over og så min nabo, Mrs. Johnson, grædende på sin gynge på verandaen. Jeg råbte til hende, men hun hørte mig ikke. Jeg klatrede over hegnet og gik hen til hende. "Mrs. Johnson, er du okay?" spurgte jeg. Hun kiggede op på mig med tårer i øjnene og rystede på hovedet. "Nej, jeg er ikke okay," sagde hun. "Min kat døde i går." Jeg var chokeret. Jeg vidste ikke, hvad jeg skulle sige. Jeg stod bare akavet der og vidste ikke, hvad jeg skulle gøre. Til sidst lagde jeg min hånd på hendes **skulder** og sagde: "Det er jeg ked af, fru Johnson. Hvis der er noget, jeg kan gøre for at hjælpe, så sig til. " Hun rystede på hovedet og sagde: "Nej, der er **ikke noget,** nogen kan gøre." Så rejste hun sig op og gik ind i sit hus. Jeg stod der et øjeblik og vidste ikke, hvad jeg skulle gøre. Så gik jeg tilbage til at slå min græsplæne. Da jeg blev færdig, kunne jeg ikke lade være med at tænke på fru Johnson og hendes kat.

didn't hear me. I climbed over the fence and walked over to her. "Mrs. Johnson, are you okay?" I asked. She looked up at me with tears in her eyes and shook her head. "No, I'm not okay," she said. "My cat died yesterday." I was shocked. I didn't know what to say. I just stood there awkwardly, not knowing what to do. Finally, I put my hand on her **shoulder** and said, "I'm so sorry, Mrs. Johnson. If there's anything I can do to help, please let me know. " She shook her head and said, "No, there's **nothing** anyone can do." Then she got up and went inside her house. I stood there for a moment, not knowing what to do. Then I went back to mowing my lawn. As I finished up, I couldn't help but think about Mrs. Johnson and her cat.

Forståelsesspørgsmål

1. Hvad er klokken?

2. Hvor er den person, der slår græs?

3. Hvordan har personen det?

4. Hvorfor skal personen klippe langsomt?

5. Hvilken slags vejr er det?

6. Hvad laver personen efter græsslåningen?

7. Hvad hører personen, før han går hjem?

8. Hvem er sammen med fru Johnson?

9. Hvorfor græder fru Johnson?

10. Hvad siger personen til fru Johnson?

Comprehension Questions

1. What time is it?

2. Where is the person mowing?

3. How does the person feel?

4. Why does the person have to mow slowly?

5. What kind of weather is it?

6. What is the person doing after mowing?

7. What does the person hear before going home?

8. Whois with Mrs. Johnson?

9. Why is Mrs. Johnson crying?

10. what does the person say to Mrs. Johnson?

Få en klipning

Jeg havde i ugevis haft lyst til at blive klippet, men på en eller anden måde havde jeg altid udskudt det. Men da **julen stod for** døren, vidste jeg, at jeg ikke kunne udsætte det længere. Jeg ville ikke møde op til familiens julemiddag og ligne et sjusket rod. Så tidligt julemorgen tog jeg til salonen. Selv om det var tidligt, var salonen allerede optaget af andre mennesker, der **fik** ordnet deres hår i anledning af julen. Jeg satte mig i køen og ventede på min tur. Endelig var det min tur til at sætte mig i stolen. Stylisten, en venlig kvinde ved navn Jill, spurgte mig, hvad jeg ville have. "Bare en trimning, ikke noget drastisk," svarede jeg. Jill gik i gang og klippede mit hår. Mens hun arbejdede, begyndte jeg at slappe af. Det føltes godt at jeg endelig tog mig af mig selv. Jeg havde haft så travlt på det seneste med at løbe rundt og tage mig af alle andre, at jeg havde ladet mine egne behov gå i glemmebogen. Men ikke **længere**. Fra nu af ville jeg tage mig tid til mig selv.

Da Jill var færdig, kiggede jeg mig i spejlet og var tilfreds med det, jeg så. Mit hår så pænt og poleret ud - perfekt til feriesamtaler. Jeg **takkede** Jill og skrev en **mental** note om at komme tilbage oftere. Fra nu af vil jeg først og fremmest tage mig af mig selv. Hun gik i gang med at klippe mit hår. Jeg tænkte på, hvor taknemmelig jeg var for, at jeg endelig havde fået tid til at blive klippet. Det føltes godt at vide, at jeg ville se præsentabel ud til **julemiddagen**. Jeg ville ikke længere skulle bekymre mig om, at min familie ville

Getting a Haircut

I had been meaning to get a haircut for weeks, but somehow always managed to put it off. But with **Christmas** just around the corner, I knew I couldn't put it off any longer. I didn't want to show up to my family's Christmas dinner looking like a scruffy mess. So, early on Christmas morning, I made my way to the salon. Even though it was early, the salon was already busy with other people **getting** their hair done for the holiday. I took my place in the line and waited my turn. Finally, it was my turn in the chair. The stylist, a friendly woman named Jill, asked me what I wanted. "Just a trim, nothing too drastic," I replied. Jill got to work, snipping away at my hair. As she worked, I began to relax. It felt good to finally be taking care of myself. I had been so busy lately, running around taking care of everyone else, that I had let my own needs fall by the wayside. But not **anymore**. From now on, I was going to make time for myself.

When Jill was finished, I looked in the mirror and was pleased with what I saw. My hair looked tidy and polished—perfect for holiday gatherings. I **thanked** Jill and made a **mental** note to come back more often. From now on, I will take care of myself first and foremost. She got to work snipping away at my hair. I thought about how thankful I was that I had finally gotten around to getting my haircut. It felt good to know that I would look presentable for Christmas **dinner**. No longer would I have to worry about my family teasing

drille mig med mit "sjuskede" udseende. Efter et par minutter var stylisten færdig med at klippe mit hår og gav mig en hurtig føntørring. Jeg kiggede mig i spejlet og var tilfreds med det, jeg så - et rent og pænt look, som ville være perfekt til julemiddagen. Nu hvor min klipning var overstået, kunne jeg koncentrere mig om at nyde ferien med min familie. Og det var jeg endnu mere taknemmelig for.

Det føltes så **befriende,** og jeg elskede den måde, min nye frisure så ud på. Da jeg havde betalt for min klipning, tog jeg hjem og begyndte at pakke til min rejse. Jeg **kunne ikke** vente med at vise mit nye look frem til min familie og venner. Jeg vidste, at de ville blive overraskede, når de så mig. På dagen for min flyrejse ankom jeg til lufthavnen med god tid til overs. Jeg gik igennem sikkerhedskontrollen uden problemer, og snart var jeg på vej. Så snart jeg ankom til min destination, kunne jeg mærke spændingen i luften. Julen var helt sikkert i luften! Min familie var der for at hilse på mig i lufthavnen, og de var alle forundrede over min nye frisure. Vi tilbragte de næste par dage med at snakke **sammen** og nyde hinandens **selskab**. Juleaftensdag gik vi alle sammen i kirke og sang julesange. Det var en perfekt ferie. Jeg er så glad for, at jeg fik klippet mit hår, inden jeg tog på ferie. Det gjorde hele oplevelsen endnu mere speciel. Hver gang jeg kigger tilbage på **billeder** fra den tur, vil jeg altid huske, hvor godt det føltes at slippe af med al den døde vægt og starte på en frisk med et nyt look.

me about my "scruffy" appearance. After a few minutes, the stylist was finished trimming my hair and gave me a quick blow dry. I looked in the mirror and was happy with what I saw—a clean-cut look that would be perfect for Christmas dinner. Now that my haircut was out of the way, I could focus on enjoying the holiday with my family. And I was even more thankful for that.

It felt so **liberating**, and I loved the way my new haircut looked. After I paid for my haircut, I went home and started packing for my trip. I **couldn't** wait to show off my new look to my family and friends. I knew they would be surprised when they saw me. On the day of my flight, I arrived at the airport with plenty of time to spare. I went through security without any problems, and soon I was on my way. As soon as I arrived at my destination, I could feel the excitement in the air. Christmas was definitely in the air! My family was there to greet me at the airport, and they were all amazed at my new haircut. We spent the next few days **catching** up and enjoying each other's **company**. On Christmas Eve, we all went to church together and sang carols. It was a perfect holiday. I'm so glad I got my haircut before going on vacation. It made the whole experience even more special. Every time I look back at **photos** from that trip, I'll always remember how good it felt to finally get rid of all that dead weight and start fresh with a new look.

Forståelsesspørgsmål

1. Hvad skulle hovedpersonen gøre inden jul?

2. Hvordan havde hovedpersonen det med at tage sig af sig selv?

3. Hvem klippede hovedpersonens hår?

4. Hvorfor ville hovedpersonens familie drille hende?

5. Hvordan følte hovedpersonen sig efter at have fået klippet sit hår?

6. Hvad gjorde hovedpersonen efter at have fået klippet sit hår?

7. Hvad var hovedpersonens families reaktion på hendes klipning?

8. Hvad lavede hovedpersonen juleaften?

9. Hvad gjorde hovedpersonens oplevelse mere speciel?

Comprehension Questions

1. What did the protagonist need to do before Christmas?

2. How did the protagonist feel about taking care of herself?

3. Who trimmed the protagonist's hair?

4. Why was the protagonist's family going to tease her?

5. How did the protagonist feel after getting her haircut?

6. What did the protagonist do after getting her haircut?

7. What was the protagonist's family's reaction to her haircut?

8. What did the protagonist do on Christmas Eve?

9. What made the protagonist's experience more special?

Parken

Solen var ved at gå ned, og parken var tom. Jeg sad på bænken og ventede på min **ven**. Vi havde planlagt at mødes her for en time siden, men hun kom altid for sent. Lige da jeg var ved at give op og gå hjem, så jeg hende løbe hen imod mig.

"Jeg er så ked af det," gispede hun, da hun nåede frem til bænken. "Mit tog blev **forsinket**."

"Det er i orden," sagde jeg **tilgivende**. "Jeg er selv lige kommet."

Vi satte os ned og snakkede lidt og fik snakket lidt om hinandens liv, siden vi sidst mødtes. Samtalen flød **let,** og det føltes, som om der slet ikke var gået nogen tid, siden vi sidst så hinanden. Da solen gik ned, tog vi afsked og gik hver til sit. Næste gang vi mødtes, var det i en anden park. Igen var hun sent på den, men det gjorde mig ikke noget. Det var rart at have nogen at tale med, som **forstod** mig. Vi talte om vores drømme og **ambitioner,** om ting, vi ville gøre med vores liv. Hun fortalte mig om sine planer om at rejse rundt i verden, og jeg delte min drøm om at blive forfatter. Da solen gik ned på endnu en dag, sagde vi farvel endnu en gang og lovede at holde kontakten denne gang.

Årene gik, og vores **venskab** var fortsat stærkt, selv om vi nu boede i forskellige dele af landet. Vi holdt kontakten gennem breve og lejlighedsvise telefonopkald, hvor vi delte nyheder om vores liv med hinanden. Da hun meddelte, at hun skulle giftes, blev jeg ikke **overrasket** - hun havde altid været

The Park

The sun was setting, and the park was empty. I sat on the bench, waiting for my **friend**. We had planned to meet here an hour ago, but she was always late. Just as I was about to give up and go home, I saw her running towards me.
"I'm so sorry," she panted as she reached the bench. "My train was **delayed**."
"It's okay," I said **forgivingly**. "I just got here myself."

We sat down and chatted for a while, catching up on each other's lives since we last met. The conversation flowed **easily**, and it felt like no time had passed at all since we last saw each other. As the sun set, we said our goodbyes and went our separate ways. The next time we met, it was in a different park. Again, she was late, but I didn't mind. It was nice to have someone to talk to who **understood** me. We talked about our dreams and **aspirations**, things we wanted to do with our lives. She told me about her plans to travel the world, and I shared my dream of becoming a writer. As the sun set on another day, we said goodbye once again, promising to keep in touch this time.

Years passed, and our **friendship** remained strong even though we lived in different parts of the country now. We kept in touch through letters and occasional phone calls, sharing news of our lives with each other. When she announced that she was getting married, I wasn't **surprised** - she had always been the **adventurous** type. But when she asked me if I would

den **eventyrlystne** type. Men da hun spurgte mig,
om jeg ville være hendes brudepige ved hendes
bryllupsceremoni, der fandt sted på den anden side
af jorden fra hvor jeg boede... det krævede noget
overtalelse! I sidste ende kunne jeg dog ikke lade min
bedste veninde blive gift uden mig ved hendes side, så
på trods af min frygt (og efter mange bønner fra hende!)
gik jeg med til at tage med på det, der viste sig at blive
et af sit livs **eventyr.**

Bryllupsdagen kom endelig. Jeg var nervøs, men
spændt på at være en del af et så vigtigt øjeblik i min
venindes liv. Ceremonien var smuk, og hun så glad ud,
da hun afgav sine løfter. **Bagefter** fejrede vi det med
en stor fest - det virkede som om alle, hun kendte, var
kommet for at fejre med hende! Det var en **magisk**
dag, som jeg aldrig vil glemme, og vores venskab
blev kun stærkere efter dette eventyr. Nu, mange år
senere, holder vi stadig kontakten. Vi har begge **ændret
os** meget, siden vi mødtes første gang, men vores
venskab er lige så stærkt som nogensinde. Hver gang
vi mødes - uanset om det er i en park eller på den
anden side af jorden - føles det, som om der slet ikke
er gået nogen tid.

be her maid of honor at her wedding ceremony taking place halfway around the world from where I lived... that took some convincing! In the end though I couldn't let my best friend get married without me by her side so despite my fears (and after much pleading from her!)I **agreed** to go along for what turned out to be the **adventure** of a lifetime.

The day of the **wedding** finally arrived. I was nervous, but excited to be a part of such an important moment in my friend's life. The ceremony was beautiful, and she looked happy as she said her vows. **Afterward**, we celebrated with a big party – it seemed like everyone she knew had come to celebrate with her! It was a **magical** day that will never forget, and our friendship only grew stronger after that adventure. Now, years later, we still keep in touch. We've both **changed** a lot since we first met, but our friendship is as strong as ever. Whenever we meet up - whether it's in a park or **halfway** around the world - it feels like no time has passed at all.

Forståelsesspørgsmål

1. Hvor mødtes forfatteren og hendes veninde første gang?

2. Hvorfor kom forfatterens ven for sent til deres møde?

3. Hvad talte vennerne om, da de mødtes igen flere år senere?

4. Hvordan havde forfatteren det med at deltage i sin venindes bryllupsceremoni?

5. Beskriv rammerne for bryllupsceremonien.

6. Hvordan har venskabet mellem de to kvinder ændret sig med tiden?

7. Hvad er forfatterens drøm?

8. Hvor vil forfatterens ven rejse hen?

9. Hvorfor tøvede forfatteren med at deltage i sin venindes bryllupsceremoni?

Comprehension Questions

1. Where did the author and her friend first meet?

2. Why was the author's friend late to their meeting?

3. What did the friends talk about when they met up again years later?

4. How did the author feel about attending her friend's wedding ceremony?

5. Describe the setting of the wedding ceremony.

6. How has the friendship between the two women changed over time?

7. What is the author's dream?

8. Where does the author's friend plan to travel?

9. Why was the author hesitant to attend her friend's wedding ceremony?